玩转指数基金

理财老娘舅——著

中国发展出版社
CHINA DEVELOPMENT PRESS

图书在版编目（CIP）数据

玩转指数基金/理财老娘舅著.—北京：中国发展出版社，2019.8（2020.8重印）

ISBN 978-7-5177-1031-8

Ⅰ.①玩… Ⅱ.①理… Ⅲ.①指数—基金—投资 Ⅳ.①F830.59

中国版本图书馆CIP数据核字（2019）第140419号

书　　名：玩转指数基金
著作责任者：理财老娘舅
出版发行：中国发展出版社
联系地址：北京经济技术开发区荣华中路22号亦城财富中心1号楼8层（100176）
标准书号：ISBN 978-7-5177-1031-8
经 销 者：各地新华书店
印 刷 者：北京市密东印刷有限公司
开　　本：880mm×1230mm　1/32
印　　张：5.25
字　　数：110千字
版　　次：2019年9月第1版
印　　次：2020年8月第2次印刷
定　　价：36.00元

联系电话：（010）68990642　68990692
购书热线：（010）68990682　68990686
网络订购：http://zgfzcbs.tmall.com//
网购电话：（010）68990639　88333349
本社网址：http://www.develpress.com
电子邮件：fazhanreader@163.com

本书编委会

主　　编：施　俊

执行主编：高　飞

执　　笔：王丽兵

编委成员：张　旌　周　添　柯丽军　顾玉琴

廖文雄

顾　　问：郭凤霞

写在丛书出版之际

定名“理财老娘舅”只是一个5分钟的偶然；但是出版这套“老娘舅说理财”丛书，却是一个持续了5年的必然。

理财老娘舅是一个团队，2014年末成立，也就是刚刚注册了“理财老娘舅”的微信公众号后不久。其时各路理财方兴未艾，各路投资机构纷繁复杂，一个没有任何经验的普通人掉进去，想依靠自己理清头绪走出来，几乎是不可能的事。但偏偏我们又赶上了一个家庭财富大爆发的时代，人人都有投资欲望，家家都有理财的需要。

老娘舅这个团队当时只有我和另外三位年轻同事。当时想得很简单：利用我20多年的财经媒体从业经验，以及我们在财富管理行业积累的知识，做一个面向普通读者的理财科普号。最好是嬉笑怒骂皆成文章，信手拈来都是案例；让普通人乐意看，对理财客都有用。

隔着5年的时光看去，这个初衷大概实现了八成。

嬉笑怒骂有，老娘舅不但调侃了很多事，对各路骗局也从未手软，痛斥与防骗齐飞，拆穿和解读同路。

信手拈来有，从各路社会热点，到身边的外甥女和外甥女的小伙伴，老娘舅从未放弃过一个现场教学的机会。

但是日积月累，自己感觉到的不足就越多。

原因之一是覆盖范围太广，基金、股票、网贷、房产、银行理财、虚拟货币……无不与钱有关，无不涉及投资理财。谈得泛，就很难说得深。

原因之二是体系化不足。自媒体创作的时代，碎片化写作迎合了碎片化阅读，却把本应纵深展开的知识体系拍扁了，让很多初入门的读者始终只能停留在门口，无法更进一层。

5 年下来，老娘舅在全平台的立足点越来越多，在后台提问的读者也越来越多，但所问的问题却始终是那几个：××基金是什么？××基金怎么样？告诉我××银行理财怎么样？

老娘舅由此感到了一种迫切感。

有了迫切感之后，我的第一反应是带着小伙伴们画了一棵摇钱树，是希望理清纷繁的理财体系。不过老娘舅把这张图印了几十张分发众人之后发现，劝退效果太强了。别说入门级的理财读者，就是离老娘舅核心团队稍微有点距离的同事，看到这个图后都纷纷表示太难了，“求你教点简单易懂的”。

老娘舅这才意识到，大家需要的是什么——

一个实用工具，最好是零基础拿起来就能用的；

一个可靠的、哪怕时移势易都能持续运行的产品种类；

一套由浅入深、清晰明了的理论。

是“一”，而不是“多”；

是“简”，而不是“繁”；

是“知一”，也可以是“知百”……

就是这套“老娘舅说理财”口袋书。

本套书每册一个主题，说定投，说指数，比任何一本专业书都简单，却比任何一篇公众号文章都深入。

它简单到每册书只有一个主题，又足够坚实到不会把任何重要的知识漏到网外。

这就是“理财老娘舅”问世以来，我们一直想做的事。

我是这套丛书的主编，而为之撰稿的则是老娘舅团队的资深成员，他们这些年来持续为老娘舅的公众号贡献选题和内容，在相应的领域积累了足够丰富的经验和案例。

我为他们感到深深的自豪！

与我们深有同感的，是一同战斗在大众投资理财第一线的公募基金，以及第三方投资平台。华夏基金总经理李一梅女士为我们这个系列丛书寄托了殷殷期盼，蚂蚁金服财富事业群常务副总裁祖国明也为我们写下了对广大投资者的深深祝福。在此我们致以最诚挚的感谢！

当然，这只是“老娘舅说理财”丛书的头两本，我们期待读者的反馈，为我们带来后续出书的参考。

让我们为了大家的理财事业，奋斗不息！

序　一

很荣幸收到老娘舅团队的邀请，为其新书写序。耕织于基金行业多年，华夏基金深知投资者教育工作的重要性，也一直在努力寻找如何以最简单、有趣、有效的方式向投资人传达最急需也最有用的投资信息。如今，这条求索道路上又多了一位同行的伙伴，我们甚感欣慰，也由此想将这份智慧推荐给大家。

基金行业发展20多年，市面上并不缺基金科普类书籍。这本书最大的不同是有不一样的视角，它并不是从基金的基础概念讲起，然后教科书式地向你呈现基金世界，而是从投资场景出发，从投资者可能遇到的痛点问题入手，然后小中见大，不仅给出解决建议，也将投资科普融汇其中。书里设定的投资场景，你我都会面临，书里提到的投资痛点，你我都难免会遭遇。曾经你可能苦于无处寻找答案，只能遗憾搁置，现在希望这本书里的解答能为你的财富之路点亮一盏灯。

世界在变，市场在变，投资需求在变，投资工具在变，知识也应日益更新。以前，当我们讨论投资时，我们更多讨论的是如何选择一只赚钱的股票，一只靠谱的基金。现在，我们讨论投资时，更多的是希望知道，如何通过投资攒出房子首付，如何为孩子存一笔未来的教育金，如何为退休的自己储备足够的养老金……我们的投资目标越来越明确，场景化投资需求越来越清晰，随着大家投资意识和素养的不断提升，个人资产配置时代正在来临，大家希望专业资产管理机构提供的不再是单一的产品，而是一整套具有个性化、场景化的解决方案。

投资者的这些需求我们很早就察觉到了，也一直在为此努力。变化是资本市场永恒的主题，变化伴随着机遇也暗藏风险，如何在变化中以更低的风险取得更高的胜率？定投是一种很好的方式，通过小额定期投入，平滑风险，聚沙成塔，静候时间的玫瑰。投资产品日益丰富，如何选择资产配置的低层产品，构建更加稳健有效的投资组合？指数基金是一个不错的选择，以更低成本、更透明的方式给出更分散风险、更高效的资产配置解决方案。当前国内指数基金正朝着“全球化”“多元化”的模式发展，我们相信“资产配置+指数基金”的财富管理模式能够为投资人带来长期价值。

多年来，华夏基金始终坚持不变的是，在多变的市场中顺应投资需求变化而不停地调整自身变化，我们希望将那些在变化中积累的好的投资方法和投资理念传递给投资者，发挥专业优势为千家万户的美好生活贡献力量。我想，这也是老娘舅团队推出这套丛书的初衷之一。

最后，祝读者朋友们开卷有益，拥有丰盈的精神财富，用知识点亮美好人生！

李一梅

华夏基金总经理

2019 年 8 月写于北京

序　二

一本带着温度的书递到我手上时，我抱着学习的态度读完，带着惶恐的思绪写序。何来惶恐？就如我一直主张的观点，“大众理财的时候到了”。普罗大众心中，有多少个哈姆雷特，就有多少种理财方式。怎样的一本书，才能完美解决投资者心中的投资困惑？所谓的完美一定不存在，能够为投资者带来一项实用的理财“工具”，就足矣。

从余额宝一路走来，我相信“信用等同于财富”，做到言出必行，方得信用。生活中，这点或许不难；而投资，是一种反人性的“行为艺术”，不仅不能言出必行，往往还会随波逐流。这个时候，纪律和坚持就显得尤为重要。

下面我要说的，或许你已经有了答案。是的，定投，它是“纪律和坚持”的容器。“老娘舅说理财”丛书开章明义，直接就把“定投”这项实用的理财工具手册呈现给读者。

“小身材、大味道”，更为关键的是，它为大量长尾用户提供了参与投资理财的方式。据不完全统计，2016～2018 年这三年中，基尼系数呈现逐年增长的趋势，从这个方面些许可以反映出我国居民收入差距正在变大。增加居民的财产性收入才是改变这一现状的王道。

如何增加而不减少呢？重要的事情说三遍，巴老对投资的三条铁律就是“保住本金”。书中提到，定投中的一个优势是“平摊投资成本”。在市场低位的时候，采用定投的方式，可以在低位买入更多的基金份额，而市场上涨时，同样的钱买入的份额少，“低时多买，高时少买”，这样慢慢地定投的投资成本就会被摊薄。这也是保住本金的最佳选择。

“老娘舅说理财”从书里除了定投外，还有大量翔实的内容来解读指数基金。我想这也是作者为了配合定投内容，锦上添花的做法，毕竟指数基金是定投理财的最佳搭档。在此我就不一一赘述了。

支付方式的改变，带来了理财行为的转变。

当你合上这本书，理财之路行将启程。拿起手机，找到你信赖的理财平台，展开一段属于自己的投资艺术，这是作者想要呈现给你的奥义；经历风雨，方能见彩虹，这是作者想要带给你的力量。

蚂蚁金服财富事业群副总裁　祖国明

2019 年 7 月 22 日

前言

10年前说起指数基金投资，大部分投资者还比较陌生。今天，提及指数基金，大家不再陌生，因为指数基金已经成为当下最主流的基金投资品种之一。10年间，指数基金迎来真正意义上的快速发展，标的越来越多，指数投资理念也越来越为大家熟知。

“股神”巴菲特是世界著名的投资大师，他创造了世界级投资神话。曾经有很多人向他请教投资秘诀，但巴菲特在公开场合只推荐过一个品种，那就是指数基金。他曾说过：通过定期投资指数基金，一个什么也不懂的业余投资者往往能够战胜大部分专业投资者。

或许有基民要说了，为什么我买指数基金还亏了，没赚到什么钱？这里面就牵扯到指数基金的投资方法，很多基民往往被牛市吸引追高而入、熊市割肉离场；有些基民买了指数基金，拿了一周看着不涨就卖掉去买那些涨得好的基金了；还有些基民不了解自己买的基金，看别人都在买，自己也跟着买……

总之，很多是因为选择了错误的投资方式，才导致了亏损的投资结果。投资指数基金也是需要方法、需要策略的，这就是本书的目的。本书以通俗易懂的语言，将专业的指数基金投资知识简洁、通俗、接地气地讲解给投资者，内容包括主流指数概况、指数基金投资策略、指数基金投资技巧等，兼具知识性和实操性。

对大多数普通基民来说，指数基金也是比较适合他们的投资品种。指数基金成本低、运作透明、分散投资，长期做可以跑赢大部分主动型基金，相对来说是省心省力的标的之选，是分享市场发展红利的投资工具。

本书适合刚接触指数基金的“小白”，也适合有一定投基经验的基民。如果你想知道有哪些特色指数，它们都有什么指基跟踪，如何从中挑选一只好的指数基金，如何运用估值，ETF 适不适合自己……那么这本书可以满足你，它不仅让你全面、系统地掌握指数基金投基知识，同时也能教会一种更方便、更省心的投基方式。

本书如配合老娘舅同系列工具书《从零开始学定投》一同“服用”，效果更佳。

老娘舅理财团队

2019 年 6 月

目录
Contents

第一章 认识指数

第二章　认识指数基金

第三章　指数基金分类

第四章 手把手教你“玩赚”指数基金

第五章 指数基金投资秘籍

第一章

认识指数

第一节

想要学习指数基金投资，先来了解指数是什么

中国基金业发展 20 年来，已经由少数投资者的投资方式变成了一项大众理财方式。投资者可以买到货币基金、债券基金、混合基金、指数基金、股票型基金等。而且现在的基金可以通过直销、代销平台进行购买，购买渠道越来越多，通过手机足不出户就可以完成基金的申购、赎回。

其中，有一类基金从无到有，成为越来越多基民配置资产的品种，它就是指数基金。不过因为时间短、发展快，在这个过程中，很多基民对指数基金的了解还处在初级阶段，对指数基金没有一个系统的认识和了解，存在很多投资盲区。

“你不理财、财不理你”，但是财要理你的前提是，你要懂理财。

之前有很多基民来问老娘舅，有没有一种不需要花费太多精力，但是又比较容易赚钱的产品？

答案当然是没有啦！

任何投资都是要付出一定的精力和时间，在一定的分析、了解基础上，才有可能赚取到收益。不过在这么多投资标的面前，有一类标的，相对比较省心省力。它就是：指数基金。

指数之于指数基金，就是根和源。离了指数谈指数基金，那就是无根之木、无水之源。要想真正了解指数基金，我们还得回到它的本源——指数。下面看看到底什么是指数？

指数就是所谓的股票价格指数，是证券交易所或者一些金融机构编制的，表现股票行情变动的一种参考依据。简单来说，指数就是描述所有成份股价格涨跌的指数。

当股票价格指数上升时，表明股票的平均价格水平在上涨；当股票价格指数下跌时，表明股票的平均价格水平下降。打个比方，某一个指数一天涨了3%，也可以理解为加权平均股价上涨了3%，可以让广大投资者第一时间了解某一板块的动向和波动情况。

往大了看，一些综合市场指数，也是市场所在国家（或地区）经济变化状况的晴雨表。比如上证指数，就代表了上海证券综合指数，其样本股是在上海证券交易所全部上市的股票，反映了上海证券交易所上市股票价格的变动情况。比如2019年2月15日上证指数收盘跌幅1.37%，这样代表当天A股表现不太理想（狭义上，一般会拿上证指数代指A股），见图1.1。

上证综指	000001
2682.39	-37.31 -1.37%

涨	460家	平	87家	跌	953家

金额	1698.23亿
成交量	196.00亿
开盘	2712.79
最高	2715.63
最低	2679.78

市盈率TTM	11.9	市净率LF	1.34
5日	2.45%	20日	5.03%
60日	1.91%	今年	7.56%
52周高	3495.45	52周低	2440.91

图 1.1　2019 年 2 月 15 日上证指数

资料来源：Wind。

【老娘舅指点迷津】

大家要注意，我们平时在新闻中、行情软件上看的指数是价格指数，也就是不包含股息的指数。如果想要知道一个指数的总收益率，还要参考该指数对应的全收益指数。

所谓全收益指数，是将指数成份股公司进行分红再投资后获得的收益率，考虑了上市公司分红的因素。而价格指数就是我们前面说的一揽子股票价格水平变化。说白了，就是一个有分红，一个不包括分红，所以一般我们看到全收益指数的点位要比价格指数高。就像表 1 – 1 的沪深 300 指数和沪深 300 全收益指数。

表 1 – 1　沪深 300 指数和沪深 300 全收益指数

证券代码	证券简称	2 月 15 日收盘点位
000300. SH	沪深 300	3338. 70
H00300. CSI	沪深 300 全收益	4165. 17

资料来源：Wind。

第二节

指数是谁编的？又是怎么编制出来的

对于普通人投资者来说，指数看起来很深奥，事实也确实如此。

指数不是谁想编写就能编写的，你说我对市场了解很透彻去编个指数吧，答案是“不行的”，必须符合相关规定的机构才可以。

除此之外，编制规则比较多样，而且编制过程复杂。不过大家也不用担心，咱们是投资者，不需要对指数编制、编制机构了解个底朝天，我们只需要做简单了解，知道投资的指数是谁编制的以及采取的何种编制规则就可以了！

一 指数编制机构

（1）专业指数编制机构。比如我们经常见到中证××指数，这些指数就是中证指数公司编制的。这家公司是我国一家专门编制指数的公司，只要看到指数前面带着“中证”两字的都是中证指数公司编制的。比如中证 500、中证 1000、中证红利等。

（2）证券交易所。比如上海交易所开发的上证指数，深交所开发的深证指数，沪深交易所联合发布的沪深300指数。

（3）券商机构。有一些大券商编制的一系列指数，比如申万指数、中信指数。不过这里面的很多指数，大多是用来给投资者提供数据参考的，并没有相应的指数基金追踪。

（4）财经媒体。还有一些财经媒体发布的指数，例如央视50指数、第一财经指数、腾讯济安指数等。此外，目前还有一些互联网公司也发布了自己的股票指数，比如百度百发指数、大智慧财经指数等。

【老娘舅指点迷津】

随着基金公司发展，投资者需求多样化，市场出现了越来越多的定制指数。所谓定制指数，就是根据基金公司需求“量身定做”的指数。比如深交所和深圳证券信息有限公司发布的创业板低波蓝筹指数和创业板动量成长指数，就是为华夏基金定制的；再比如中证指数公司发布的中证南方小康产业指数，就是给南方基金管理公司定制的。

二 指数编制方式

平时留意指数月报，我们会发现，在成份股信息中，有的指数中成份股权重是一样的，而有的则是根据市值来排列的，市值越大，权重越高。造成这种结果的原因就是指数编制方式不一样。接下来，我们就一起了解几种主流的指数编制方法。

1. 市值加权指数

市值加权是A股指数最常见的一种加权方式，即以样本股市值、流动性作为重要衡量标准。成份股所占的权重与其股票的市值、流动性成正比，市值越大、流动性越好，在指数中的权重就越高；反之，在指数中占的权重就越低。

比如表1-2是沪深300前十大成份股，它们会根据按自由流通股和流动性进行加权。排名第一的中国平安占比达到了6.47%，这也意味着这只股票不仅市值高，而且流动性好。

表1-2　沪深300前十大成份股

代　码	名　称	行　业	上市交易所	市值（亿元）	权　重
601318	中国平安	金融地产	上海	6077	6.47%
600519	贵州茅台	主要消费	上海	7412	3.16%
600036	招商银行	金融地产	上海	5198	2.77%
601166	兴业银行	金融地产	上海	3104	1.98%
000651	格力电器	可选消费	深圳	2147	1.83%
000333	美的集团	可选消费	深圳	2443	1.82%
601328	交通银行	金融地产	上海	2273	1.69%
600016	民生银行	金融地产	上海	2032	1.51%
600887	伊利股份	主要消费	上海	1391	1.48%
601288	农业银行	金融地产	上海	11493	1.47%

资料来源：中证指数公司，截至2018年底。

这种编制方法的缺点是，个别股票权重比较高，风险分散程度不高，万一遇上权重股“黑天鹅”事件，对指数拖累比较大。

2. 等权指数

顾名思义，这是指每只股票在指数中的权重相等，购买等权指数相当于平均买入了指数中的每个样本股。不过在实际操作中，指数并不会每天保持样本股权重相同，而是会定期调整权重。这样相当于定期地做了“高抛低吸”，同时避免了部分指数权重过于集中的问题。如表1－3的中证500等权重指数前十大成份股，会有细微权重差别。

表1－3 中证500等权重指数前十大成份股

代码	名称	行业	上市交易所	市值（亿元）	权重
600053	九鼎投资	金融地产	上海	102	0.26%
600277	亿利洁能	原材料	上海	155	0.24%
603377	东方时尚	可选消费	上海	86	0.24%
000975	银泰资源	原材料	深圳	202	0.23%
002399	海普瑞	医药卫生	深圳	287	0.23%
600664	哈药股份	医药卫生	上海	101	0.23%
002242	九阳股份	可选消费	深圳	123	0.23%
600073	上海梅林	主要消费	上海	70	0.23%
600183	生益科技	信息技术	上海	213	0.23%
603712	七一二	电信业务	上海	137	0.23%

资料来源：中证指数公司，截至2018年底。

3. 价格加权指数

所谓价格加权，指的是指数计算基于指数成份股的价格。也就是说，股票的价格越高，个股在指数中的权重越高，投资者在该股票上投资的金额越高。这类指数在我国比较少见，最著名的就是美国的道琼斯工业平均指数和日本的日经225指数。

4. 风格因子加权

股票研究中将一些超额收益归结为风格因子的作用，如价值因子、成长因子、趋势因子等。为了让指数也能享受超额收益，一些指数在编制方案中加入了风格因子。如中证红利用股息率作为权重分配依据，希望能获取高股息率股票的超额收益；中证500低波动以波动率倒数加权，希望能获取低波动率股票的超额收益。

【老娘舅指点迷津】

在投资中，有时候会碰到指数大涨，而自己手里的股票没有涨，赚了指数没赚钱，这主要是指数计算方式造成的。

就以上证指数来说，采取的是总股本加权的方式，谁的股本大，谁的指数权重就大。比如2017年，当年上证指数上涨6.56%，但是很多股民哭诉手里的股票并没有赚钱，反而亏了不少。原因就是，2017年是蓝筹牛市，很多股民手里拿的是中小票，指数虽然涨上去了，自己却没有挣到钱。

第三节

综合指数、宽基指数、窄基指数

有的基民刚刚接触指数基金，就被指数搞得晕头转向，什么上证指数、中证 100、沪深 300、央视 50、红利指数、白酒指数……市场上这么多指数，它们都是哪门哪派？

接下来，老娘舅就和大家说一下指数门派的事儿。按照指数覆盖范围，可以分为综合指数、宽基指数和窄基指数；按照市场划分，可以分为 A 股市场指数、港股市场指数和美股市场指数；按投资标的分，还有股票、债券、大宗商品的指数等。

一 最常见的综合指数、宽基指数、窄基指数

1. 综合指数

上证指数、深证综指属于综合市场指数，代表某一个股票市场整体的走势。

2. 宽基指数

宽基指数，指的是覆盖行业广泛，具有相当代表性的指数。成份股覆盖范围很广，并不局限于某一行业，一般是包含多个行

业的股票。比如，大家耳熟能详的上证 50、沪深 300、中证 500、中证 800、创业板指等。

宽基指数又可以细分为大盘股指数、中盘股指数、小盘股指数。上证 50、沪深 300 属于大盘股指数，中证 500 指数属于中盘股指数，而中证 1000、创业板属于小盘股指数。

3. 窄基指数

和宽基指数相对，窄基指数是指针对某一行业、某一主题专门编制的指数。窄基指数大致可以分为行业指数、主题指数、策略指数。

行业指数：就是跟踪某一行业的指数。A 股行业指数多是跨沪深市场的，比如中证 800 医药指数、中证军工指数、中证白酒指数等。

主题指数：指反映某一特定的投资主题的指数，可以跨越多个行业，但又属于同一主题。比如，国企改革主题指数、新能源汽车指数、中证京津冀协同发展主题指数等。

策略指数：就是根据某一种策略编制的指数。比如红利指数、低波动指数、基本面指数、价值指数等。

二 按照投资市场划分

A 股市场指数就是平时见到的上交所、深交所以及跨两市市场的指数。

港股市场指数，比如恒生指数、恒生国企指数，这些指数成份股完全为港股上市公司，所以也是投资者投资港股的主要方式。

美股市场指数，则是代表美股市场的一些指数，比如纳斯达克 100、标普 500 指数等。

上面三类是我们见得比较多，而且投资品种非常丰富的国家和地区指数。除此之外，还有一些见得比较少的国家以及跨市场的指数，比如德国 30、金砖四国指数等。

【老娘舅指点迷津】

明明股票涨幅可能更高，为什么普通投资者要买指数基金，而不买股票呢？这是很多“小白”基民都会有的一个疑惑。

第一，股票涨幅大，这样的波动已经超出很多人的心理承受范围。而指数投资于多只股票，分散投资，投资风险相对较小。

第二，公司发展会遇到各种“黑天鹅”，投资者很容易“踩雷”，严重的还会退市，比如 2018 年的黑天鹅长生生物。而指数就没有这样的担心，就算真的“踩雷”了，影响力也是可控的。

第四节
你需要掌握的宽基指数

宽基指数覆盖范围广泛，跨越多个行业，具有相当的代表性，比如中证500指数、沪深300指数、中小板指数、创业板指数等。老娘舅在这里主要介绍一些常见的、用得比较多的指数。上证指数、深证指数两个综合指数一并讲述，不再单独列出。

一 上证指数

我们平时只要看财经新闻，就会有关于上证指数的报道。比如，某天上证指数收盘于2729.43点，涨幅0.18%。

上证指数（代码：000001）也就是我们常说的大盘，股民对这个词比较熟悉，对于不太接触股市的基民来说，或许有一点陌生。它是以上海证券交易所挂牌上市的全部股票为计算范围，以发行量为权数的加权综合股价指数。上证综合指数综合反映上交所全部A股、B股上市股票的股份走势。该指数自1991年7月15日起开始实时发布，指数基日为1990年12月19日，基点①为100。

① 基点就是指数刚开始的一个点位，比如上证综指的基点是100点，最新点位2600点左右，涨了26倍多。从基点到最新点位，大家也能看出一个指数涨幅如何、潜力如何。

在国内，上证指数通常被看做中国股票市场的一个代表指数。因为这个指数诞生时间最早，而且有一大批能够代表中国实力的上市公司。所以上证指数的上涨下跌，也就说明了当前市场的一个整体情况，相当于一把衡量市场的标尺。比如最近大家经常看到《3000点以下，该如何买基金?》这类文章，都会把上证指数当做衡量当前市场的一个参照物。

在国际上，上证指数也被当做中国股市的一个代表指数。外国投资者也会通过考察上证指数的涨跌，来判断中国股市的基本情况以及投资价值。就像美股的道琼斯指数、港股的恒生指数、日本的日经225指数等。

跟踪上证指数的指数基金一共有两只，分别为汇添富上证综指和富国上证综指ETF，见表1－4。

表1－4 跟踪上证指数的指数基金

基金代码	基金简称	成立年限（年）	管理费率（%）	成立以来年化回报（%）	基金规模（亿元）
470007. OF	汇添富上证综指	9. 64	0. 75	－0. 22	13. 37
510210. OF	富国上证综指ETF	8. 05	0. 50	0. 24	1. 18
100053. OF	富国上证综指ETF联接	8. 05	0. 50	0. 08	1. 11

资料来源：Wind，截至2018年底。

二 上证50指数

上证50指数（代码：000016），是指挑选沪市规模大、流动性好的最具代表性的50只股票组成样本股，以综合反映沪市最具市场影响力的一批优质大盘企业的整体状况。

说白了，上证50就是沪深300指数中市值最大的那50只股票，别看数量不是很多，只有50只，但因为都是蓝筹股、大块头，交易量很大，也是一个非常具有代表性的蓝筹指数。上证50指数于2004年1月2日正式对外发布。指数基日为2003年12月31日，基点为1000。

1. 行业权重分布

行业权重以金融地产为主，占比超过六成，见图1.2。

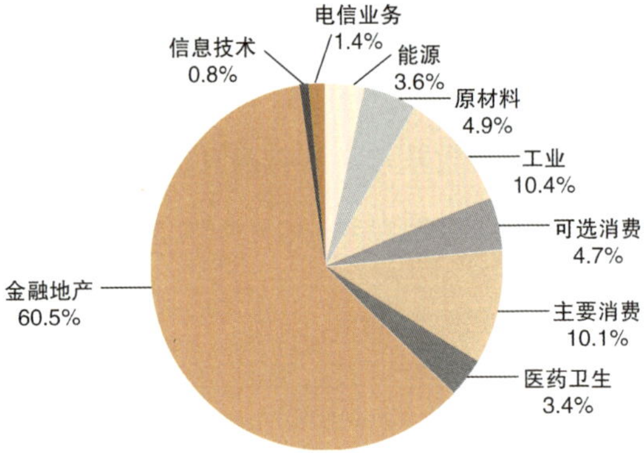

图1.2　行业权重分布

2. 前十大权重股

表1－5　前十大权重股

代　码	名　称	行　业	上市交易所	市值（亿元）	权　重
601318	中国平安	金融地产	上海	6077	14.13%
600519	贵州茅台	主要消费	上海	7412	6.89%
600036	招商银行	金融地产	上海	5198	6.04%
601166	兴业银行	金融地产	上海	3104	4.33%
601328	交通银行	金融地产	上海	2273	3.70%

续表

代码	名称	行业	上市交易所	市值（亿元）	权重
600016	民生银行	金融地产	上海	2032	3.31%
600887	伊利股份	主要消费	上海	1391	3.23%
601288	农业银行	金融地产	上海	11493	3.21%
600030	中信证券	金融地产	上海	1575	2.93%
601668	中国建筑	工业	上海	2393	2.78%

资料来源：中证指数官网，截至 2018 年底。

三　追踪上证 50 的指数基金

跟踪上证 50 的基金比较多，这里老娘舅筛选出规模在 5 亿元以上的给大家参考，见表 1 - 6。

表 1 - 6　追踪上证 50 的指数基金

基金代码	基金简称	成立年限（年）	管理费率（%）	成立以来年化回报（%）	基金规模（亿元）
510050.OF	华夏上证 50ETF	14.14	0.50	9.30	457.90
110003.OF	易方达上证 50 指数 A	14.92	1.20	9.28	124.44
510850.OF	工银上证 50ETF	0.20	0.50	-1.02	113.43
001051.OF	华夏上证 50ETF 联接 A	3.93	0.50	-5.89	14.51
501050.OF	华夏沪港通上证 50AHA	2.31	0.50	2.17	9.17
001548.OF	天弘上证 50A	3.59	0.50	-2.26	7.17
006220.OF	工银上证 50ETF 联接 A	0.15	0.50	2.11	6.19
502048.OF	易方达上证 50 分级	3.85	1.00	-6.83	5.84
502049.OF	易方达上证 50A	3.85	1.00	4.79	5.84
510710.OF	博时上证 50ETF	3.73	0.30	-7.00	5.80

资料来源：Wind，截至 2018 年底。

【老娘舅指点迷津】

追踪同一个指数，为什么年化收益相差这么大？这和基金管理能力、成立时间、成立以来的市场环境有很大关系。一般成立时间越久的基金，这个指标越具有参考性。大家通过年化收益比较两只基金时，最好挑选两只成立时间相近的基金。

四 沪深300

沪深300指数（代码：000300），简称“沪深300”，是由沪深两市中规模大、流动性好的最具代表性的300只股票组成。由沪深交易所于2005年4月8日联合发布，目的是通过这个指数反应A股股票价格变动概貌和运行情况，并能够作为投资业绩的评价标准。

中证指数有限公司成立后，两个交易所就将沪深300指数的经营管理及相关权益转移到中证指数有限公司。其指数基日为2004年12月31日，基点为1000。

1. 行业权重分布

相比上证50，沪深300行业比较分散，最大的金融地产占了39%，其次为可选消费、工业等，见图1.3。

2. 前十大权重股

这个指数是大家常见的指数之一，很多主动权益类基金通常会把沪深300指数当做一个业绩比较对象，见表1－7。

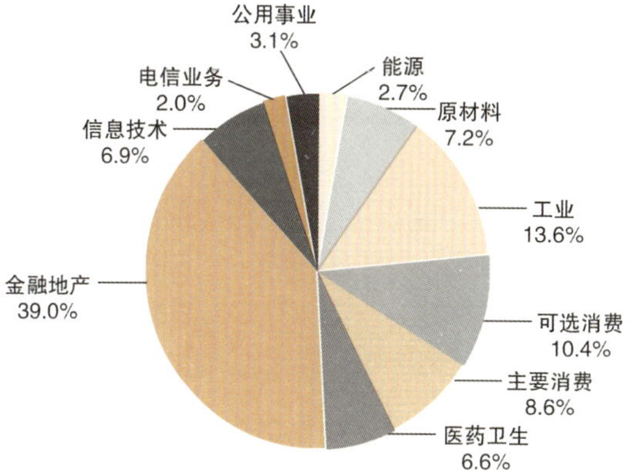

图 1.3 沪深 300 行业权重分布

表 1－7 沪深 300 前十大权重股

代码	名称	行业	上市交易所	市值（亿元）	权重
601318	中国平安	金融地产	上海	6077	6.47%
600519	贵州茅台	主要消费	上海	7412	3.16%
600036	招商银行	金融地产	上海	5198	2.77%
601166	兴业银行	金融地产	上海	3104	1.98%
000651	格力电器	可选消费	深圳	2147	1.83%
000333	美的集团	可选消费	深圳	2443	1.82%
601328	交通银行	金融地产	上海	2273	1.69%
600016	民生银行	金融地产	上海	2032	1.51%
600887	伊利股份	主要消费	上海	1391	1.48%
601288	农业银行	金融地产	上海	11493	1.47%

资料来源：中证指数官网，截至 2018 年底。

3. 追踪沪深 300 的指数基金

沪深 300 指数是宽基指数中跟踪产品最多的指数，而且多成立时间早、规模大，给基民提供了丰富多样的投资选择。这里老娘舅梳理了规模在 20 亿元以上的 300 指数基金，见表 1－8。

表 1－8　　追踪沪深 300 的指数基金

基金代码	基金简称	成立年限（年）	管理费率（%）	成立以来年化回报（%）	基金规模（亿元）
510300. OF	华泰柏瑞沪深 300ETF	6. 79	0. 50	3. 34	333. 00
510330. OF	华夏沪深 300ETF	6. 15	0. 50	5. 82	228. 11
159919. OF	嘉实沪深 300ETF	6. 79	0. 50	3. 76	187. 44
160706. OF	嘉实沪深 300ETF 联接（LOF）A	13. 48	0. 50	9. 45	168. 82
000051. OF	华夏沪深 300ETF 联接 A	9. 61	0. 50	0. 07	129. 23
000311. OF	景顺长城沪深 300 增强	5. 31	1. 00	13. 23	74. 86
100038. OF	富国沪深 300 增强	9. 18	1. 00	4. 75	58. 83
050002. OF	博时裕富沪深 300A	15. 49	0. 98	8. 94	56. 85
510310. OF	易方达沪深 300ETF	5. 96	0. 20	4. 71	49. 55
110020. OF	易方达沪深 300ETF 联接	9. 48	0. 20	0. 51	48. 58
510390. OF	平安沪深 300ETF	1. 15	0. 50	－26. 25	42. 98
481009. OF	工银瑞信沪深 300A	9. 96	0. 50	3. 19	36. 28
270010. OF	广发沪深 300ETF 联接 A	10. 14	0. 50	5. 75	23. 75
510360. OF	广发沪深 300ETF	3. 50	0. 50	－0. 91	22. 11
000961. OF	天弘沪深 300A	4. 08	0. 50	－2. 30	20. 98
020011. OF	国泰沪深 300A	11. 28	0. 50	－3. 54	20. 48
163407. OF	兴全沪深 300 指数增强	8. 30	0. 80	5. 32	20. 25

资料来源：Wind，截至 2018 年底。

这里先简单说下选择指数基金的标准，主要有三点：一是选择规模大的，ETF 普通基民买不了，可以选择对应的联接基金；二是选择管理费用低的，虽然跟踪同一个指数，但是管理费不一样；三是尽量选择成立年限长的，大基金公司出品的。后面老娘舅还会细说这部分。

五 中证500

中证500指数（代码：000905）筛选样本股一共要经历三个步骤。第一步：扣除沪深300指数样本股及最近一年日均总市值排名前300名的股票。第二步：剩余股票按照最近一年（新股上市以来）的日均成交金额由高到低排名，剔除排名后20%的股票。第三步：将剩余股票按照日均总市值由高到低进行排名，选取排名在前500名的股票作为中证500指数样本股。简言之，就是选取两市主板剔除沪深300指数成份股后，总市值排名靠前的500只股票。其综合反映中国A股市场中一批中小市值公司的股票价格表现，于2007年1月15日发布。指数基日为2004年12月31日，基点为1000。

1. 行业权重分布

中证500指数的行业分布比较均衡，工业、原材料、信息技术、可选消费、医药卫生占比都超过了10%，见图1－4。

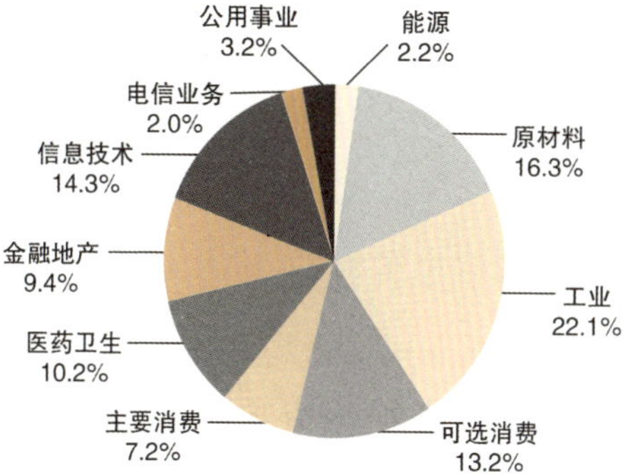

图1－4　中证500证数的行业分布

2. 前十大权重股

表 1－9　　中证 500 指数的前十大权重股

代码	名称	行业	上市交易所	市值（亿元）	权重
600201	生物股份	医药卫生	上海	194	0.65%
000656	金科股份	金融地产	深圳	331	0.55%
600872	中炬高新	主要消费	上海	235	0.55%
600256	广汇能源	能源	上海	253	0.51%
300146	汤臣倍健	主要消费	深圳	250	0.50%
300347	泰格医药	医药卫生	深圳	214	0.50%
300253	卫宁健康	医药卫生	深圳	201	0.47%
002401	广联达	信息技术	深圳	234	0.47%
600426	华鲁恒升	原材料	上海	196	0.46%
000623	吉林敖东	医药卫生	深圳	168	0.45%

资料来源：中证指数官网，截至 2018 年底。

3. 追踪中证 500 的指数基金

表 1－10　　追踪中证 500 的指数基金

基金代码	基金简称	成立年限（年）	管理费率（%）	成立以来年化回报（%）	基金规模（亿元）
510500. OF	南方中证 500ETF	6.03	0.50	3.86	334.68
160119. OF	南方中证 500ETF 联接 A	9.40	0.50	1.65	65.47
000478. OF	建信中证 500 指数增强 A	5.06	1.00	10.20	38.77
510510. OF	广发中证 500ETF	5.86	0.50	2.96	33.02
161017. OF	富国中证 500 指数增强	7.36	1.00	6.81	28.86
162711. OF	广发中证 500ETF 联接 A	9.23	0.50	－0.88	26.07
512500. OF	华夏中证 500ETF	3.79	0.50	－19.36	22.07
510590. OF	平安中证 500ETF	0.91	0.50	－35.60	16.61
159922. OF	嘉实中证 500ETF	6.03	0.50	3.43	12.71
001052. OF	华夏中证 500ETF 联接 A	3.79	0.50	－18.96	11.84

续表

基金代码	基金简称	成立年限（年）	管理费率（%）	成立以来年化回报（%）	基金规模（亿元）
000008. OF	嘉实中证 500ETF 联接 A	5. 91	0. 50	3. 06	10. 55
000962. OF	天弘中证 500A	4. 08	0. 50	–8. 15	9. 37

资料来源：Wind，截至 2018 年底。

六 创业板指 VS 创业板综

创业板指（代码：399006）是从创业板股票中选取 100 只组成样本股，反映创业板市场龙头个股的表现。创业板指数样本股每季度进行调整一次，以反映创业板市场快速成长的特点。其指数基日为 2010 年 5 月 31 日，基点为 1000。

1. 权重行业分布

创业板指数的行业权重分布以信息技术、工业、医疗保健为主，见图 1. 5。

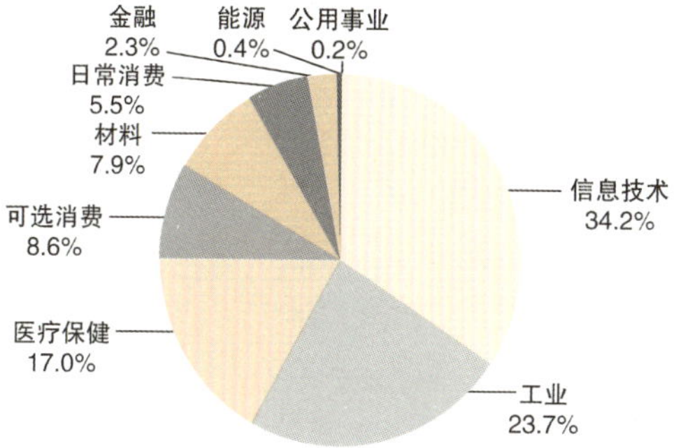

图 1. 5 创业板指数的权重行业分布

资料来源：Wind，截至 2018 年底。

2. 前十大权重股

表 1-11　　创业板指数前十大权重股

代　码	简　称	权重（%）	总市值（亿元）
300498. SZ	温氏股份	3. 96	1391. 16
300059. SZ	东方财富	2. 05	625. 36
300015. SZ	爱尔眼科	1. 95	626. 83
300122. SZ	智飞生物	1. 37	620. 16
300003. SZ	乐普医疗	1. 19	370. 76
300408. SZ	三环集团	1. 14	294. 99
300124. SZ	汇川技术	1. 10	335. 16
300142. SZ	沃森生物	1. 07	293. 65
300433. SZ	蓝思科技	1. 04	255. 63
300144. SZ	宋城演艺	1. 03	310. 13

资料来源：Wind，截至 2018 年底。

3. 追踪创业板指的指数基金

表 1-12　　追踪创业板指的指数基金

基金代码	基金简称	成立年限（年）	管理费率（%）	成立以来年化回报（%）	基金规模（亿元）
159915. OF	易方达创业板 ETF	7. 42	0. 50	4. 45	185. 89
159949. OF	华安创业板 50ETF	2. 64	0. 50	-28. 13	91. 72
161022. OF	富国创业板指数分级	5. 44	1. 00	-3. 36	57. 39
110026. OF	易方达创业板 ETF 联接 A	7. 42	0. 50	3. 89	37. 18
001592. OF	天弘创业板 A	3. 62	0. 50	-17. 61	21. 04
159952. OF	广发创业板 ETF	1. 82	0. 50	-17. 60	13. 22
159948. OF	南方创业板 ETF	2. 77	0. 50	-15. 50	7. 15
002656. OF	南方创业板 ETF 联接 A	2. 75	0. 50	-16. 78	6. 83
161613. OF	融通创业板指数增强 AB	6. 87	1. 00	5. 80	5. 65

资料来源：Wind，截至 2018 年底。

2010 年 8 月 20 日，创业板综（399102）正式发布，和上证综指、深证综指一样，涵盖了在深交所创业板上市的全部股票，反映了这一板块全部股票的价格综合变动情况以及市场总体走势。其指数基日为 2010 年 5 月 31 日，基点为 1000。

表 1－13

基金代码	基金简称	成立年限（年）	管理费率（%）	成立以来年化回报（%）	基金规模（亿元）
005288. OF	海富通创业板增强 A	0. 86	1. 20	－28. 36	0. 21

资料来源：Wind，截至 2018 年底。

创业板指与创业板综的两者区别，主要是成份股，一个包括创业板前 100 只股票，一个包括全部创业板成份股。

另外还有创业板 50 指数，创业板 50 指数是从创业板指数的 100 只样本股中，选取考察期内流动性指标最优的 50 只股票。其侧重成份股流动性、市值集中度和资产配置效率，目前只有华安创业板 50、华安创业板 50ETF 跟踪这个指数。

七 深证成指 VS 深证综指

深证成指（代码：399001）是深圳交易所的主要股指。发布之初样本股数量只有 40 只，但当时深交所一共 100 多家上市公司。随着深市上市公司数量大增，40 只样本股不再能够充分反映深市概况。所以 2015 年 5 月 20 日，深证成指进行了扩容改造，样本股由 40 只扩容至 500 只。其指数基日为 1994 年 7 月 20 日，基点为1000。

深证综指（代码：399106），即深证综合指数。以深交所所有上市个股为计算范围，综合反映深交所全部A股和B股上市股票的股价走势。于1991年4月4日开始发布。其指数基日为1991年4月3日，基点为100。

深证综指没有对应的指数基金追踪。以下为追踪深证成指的指数基金，见表1－14。

表1－14　追踪深证成指的指数基金

基金代码	基金简称	成立年限（年）	管理费率（%）	成立以来年化回报（%）	基金规模（亿元）
163109.OF	申万菱信深证成指分级	8.33	1.00	－7.06	21.15
159943.OF	大成深证成份ETF	3.71	0.50	－17.05	2.08
161612.OF	融通深证成指AB	8.26	1.00	－5.49	1.04
159950.OF	易方达深证成指ETF	1.81	0.50	－16.03	0.24

资料来源：Wind，截至2018年底。

【老娘舅指点迷津】

指数反映某一分类上市公司的整体表现。有的指数把板块中所有股票包含在内，叫综合指数，简称综指或全指；还有一种包括了部分，只选取板块中一些有代表性的个股组成指数，叫做成份指数，简称成指。

第五节

窄基指数面面观

上一节讲了宽基指数，本节讲与宽基指数相对的窄基指数。窄基指数包括风格指数、行业指数以及策略指数等。相对于宽基指数行业多、股票多，窄基指数多集中在某一个行业或领域，成份股比较集中。

一　红利指数

红利指数可以追溯到美国的“狗股理论”。简单来说，就是指数公司根据股票分红高低将高股息率、高分红率的股票放在一个篮子里组成红利策略指数。近几年随着资本市场的发展，红利指数也越来越受到投资者的喜爱。下面老娘舅就为大家盘点一下目前 A 股的几个红利指数。

【延伸知识】　smart beta 指数

近两年这类指基越来越多，受到了很多基民的认可。那么什么叫 smart beta 呢？我们知道，指数基金赚取的是 beta 收益，smart beta，顾名思义，就是更聪明的 beta，简称聪明贝塔。也可以理解为一种增强的指数投资策略。在被动投资的基础之上，综合一些因子分析，追寻 beta 之上的超额收益。比如质量因子、价值因子、低波动、红利等。如果你在某个指数基金名字里看到“质量”“红利”“低波动”这些字眼，那么它就是一只 smart beta 指数基金。

1. 上证红利指数

上证红利指数（代码：000015）由上交所以现金股息率高、分红比较稳定、具有一定规模及流动性的 50 只股票作为样本，以反映上交所高红利股票的整体状况和走势。

该指数 2005 年 1 月 4 日发布，其指数基日为 2004 年 12 月 31 日，基点为 1000。

表 1－15　　上证红利指数基金

基金代码	基金简称	成立年限（年）	管理费率（%）	成立以来年化回报（%）	基金规模（亿元）
510880. OF	华泰柏瑞红利 ETF	12. 26	0. 50	6. 51	23. 55

资料来源：Wind，截至 2018 年底。

2. 深证红利指数

深证红利指数（代码：399324）包含了深证市场能给投资者提供长期稳定分红的 40 只股票，主要参考分红（包括现金分红、股票分红）的频率与数量，是巨潮红利指数在深市的缩影。这类公司的特点是成熟的绩优股或分红能力较强的成长股。指数发布日期 2006 年 1 月 24 日，其指数基日为 2002 年 12 月 31 日，基点为1000。

表1-16 深证红利指数基金

基金代码	基金简称	成立年限（年）	管理费率（%）	成立以来年化回报（%）	基金规模（亿元）
481012. OF	工银瑞信深证红利ETF联接	8. 28	0. 50	2. 83	5. 24
159905. OF	工银瑞信深证红利ETF	8. 29	0. 50	3. 08	6. 56

资料来源：Wind，截至2018年底。

3. 中证红利指数

中证红利指数（代码：000922）是挑选在上交所和深交所上市的现金股息率高、分红比较稳定、具有一定规模及流动性的100只股票作为样本，以反映A股市场高红利股票的整体状况和走势。其指数基日为2004年12月31日，基点为1000。

表1-17 中证红利指数基金

基金代码	基金简称	成立年限（年）	管理费率（%）	成立以来年化回报（%）	基金规模（亿元）
100032. OF	富国中证红利指数增强	10. 25	1. 20	10. 39	31. 43
161907. OF	万家中证红利	7. 93	0. 75	4. 57	0. 39
090010. OF	大成中证红利	9. 05	0. 75	5. 04	2. 82

资料来源：Wind，截至2018年底。

4. 标普红利指数

标普中国A股红利机会指数（代码：CSPSADRP. CI），简称标普红利指数。虽然叫标普，但不是跟踪美股的指数，而是标普指数公司针对中国上市公司开发的指数。

该指数选取A股股息率最高的100只股票，但是股票入选之前须满足诸如过去3年盈利增长为正、过去12个月的净利润为正、每只股票权重不超过3%、单个行业不超过33%等条件。

表1-18　　标普红利指数基金

基金代码	基金简称	成立年限（年）	管理费率（%）	成立以来年化回报（%）	基金规模（亿元）
501029.OF	华宝标普中国A股红利机会A	2.08	0.75	-7.20	20.02

资料来源：Wind，截至2018年底。

二　消费指数

消费领域一直是诞生大牛股的地方，所以消费指数也成为大家关注的投资对象。这一行业诞生过一些10倍指数。老娘舅就来和大家说一说目前市场几个主流的消费行业指数。

1. 中证主要消费指数

说起中证主要消费指数（代码：000932），就不得不提中证行业指数系列。这系列指数的诞生是为反映沪深A股中不同行业公司股票的整体表现，将中证800指数800只样本股按行业分类标准分为10个行业，再以各行业全部股票作为样本编制指数，形成10条中证行业指数，中证消费指数是其中之一。

简单点说，中证主要消费指数由中证800里的消费行业股票组成，以反映该行业公司股票的整体表现，成份股数量38只。截至

2018年底，该指数收盘点位9788.24点，按照初始点位计算，涨幅将近10倍。其指数基日为2004年12月31日，基点为1000。

表1－19 中证主要消费指数基金

基金代码	基金简称	成立年限（年）	管理费率（%）	成立以来年化回报（%）	基金规模（亿元）
512600.OF	嘉实中证主要消费ETF	4.68	0.50	13.90	0.06
159928.OF	汇添富中证主要消费ETF	5.49	0.50	11.79	15.26
000248.OF	汇添富中证主要消费ETF联接	3.91	0.50	5.84	15.08

资料来源：Wind，截至2018年底。

2. 中证全指可选消费指数

中证全指可选消费指数（代码：000989）是从中证全指样本股可选消费行业内选择流动性和市场代表性较好的股票构成指数样本股。

表1－20 中证全指可选消费指数基金

基金代码	基金简称	成立年限（年）	管理费率（%）	成立以来年化回报（%）	基金规模（亿元）
159936.OF	广发中证全指可选消费ETF	4.71	0.50	1.77	2.26
001133.OF	广发中证全指可选消费ETF联接A	3.85	0.50	－13.85	2.41

资料来源：Wind，截至2018年底。

3. 中证全指主要消费指数

中证全指消费指数（代码：000990），是从中证全指样本股主要消费行业内选择流动性和市场代表性较好的股票构成指数样本股，以反映沪深两市主要消费行业内公司的整体表现。本来这个指数有一只广发中证全指主要消费跟踪，但这只基金2018年底清盘了。所以，目前这个指数没有基金可买。

【老娘舅指点迷津】

一会可选消费指数，一会主要消费指数，是不是有点糊涂了？这里老娘舅着重说下可选消费和主要消费的区别，可选消费属于日常不是特别必需的消费品，需求可能会跟着经济和行业周期波动而变化；而主要消费则是日常必需的消费品，比如衣、食等。

三 医药指数

1. 上证医药（代码：000037）

选择上交所医药卫生行业股票组成，听名字也知道，全是上交所的股票，没办法覆盖在深交所上市的医药企业，成份股一共44只。

表1－21　上证医药指数基金

基金代码	基金简称	成立年限（年）	管理费率（%）	成立以来年化回报（%）	基金规模（亿元）
510660.OF	华夏上证医药卫生ETF	5.90	0.50	6.55	0.72

资料来源：Wind，截至2018年底。

2. 全指医药指数（代码：000991）

全指医药指数从中证全指样本股医药卫生行业内选择流动性和市场代表性较好的股票构成指数样本股。成份股比较多，一共231只，所以成份股市值相较上证医药要小得多。

表1－22 全指医药指数基金

基金代码	基金简称	成立年限（年）	管理费率（%）	成立以来年化回报（%）	基金规模（亿元）
005112. OF	银华中证全指医药卫生增强	1. 39	1. 00	－8. 23	2. 76
159938. OF	广发中证全指医药卫生ETF	4. 22	0. 50	0. 62	16. 96
001180. OF	广发中证全指医药卫生ETF联接A	3. 79	0. 50	－11. 20	10. 21

资料来源：Wind，截至2018年底。

3. 中证800医药（代码：000841）

这个指数全名——中证800制药与生物科技指数。顾名思义，成份股主要由中证800样本股中制药与生物科技行业的上市公司组成。

表1－23 中证800医药指数基金

基金代码	基金简称	成立年限（年）	管理费率（%）	成立以来年化回报（%）	基金规模（亿元）
165519. OF	信诚中证800医药	5. 51	1. 00	3. 76	1. 43

资料来源：Wind，截至2018年底。

4. 医药 100 指数（代码：000978）

中证医药 100 指数选取市值排名前 100 名的医药股票，反映医药相关行业公司股票的走势，同时为投资者提供新的投资标的。该指数基日为 2004 年 12 月 31 日，基点为 1000 点，简称为医药 100。

表 1-24　　医药 100 指数基金

基金代码	基金简称	成立年限（年）	管理费率（%）	成立以来年化回报（%）	基金规模（亿元）
001550. OF	天弘中证医药 100A	3. 64	0. 50	-13. 85	3. 70
000059. OF	国联安中证医药 100A	5. 50	0. 80	2. 42	14. 80

资料来源：Wind，截至 2018 年底。

5. 沪深 300 医药（000913）

沪深 300 医药卫生指数由沪深 300 指数样本股中的医药卫生行业股票组成，以反映该行业公司股票的整体表现。也就是说，把沪深 300 指数里面的医药卫生类个股拎出来，编制成了一个指数。

表 1-25　　沪深 300 医药基金

基金代码	基金简称	成立年限（年）	管理费率（%）	成立以来年化回报（%）	基金规模（亿元）
512010. OF	易方达沪深 300 医药卫生 ETF	5. 41	0. 50	5. 54	4. 75
001344. OF	易方达沪深 300 医药卫生 ETF 联接	1. 24	0. 50	-15. 43	2. 30

资料来源：Wind，截至 2018 年底。

6. 中证医药（000933）

中证医药卫生指数由中证800指数样本股中的医药卫生行业股票组成，以反映该行业公司股票的整体表现。

表1-26 中证医药基金

基金代码	基金简称	成立年限（年）	管理费率（%）	成立以来年化回报（%）	基金规模（亿元）
512610. OF	嘉实中证医药卫生ETF	4. 68	0. 50	3. 22	0. 12
160635. OF	鹏华中证医药卫生	2. 59	0. 75	-7. 63	0. 49
159929. OF	汇添富中证医药卫生ETF	5. 49	0. 50	3. 24	1. 23

中证医药（000933）和中证800医药（000841）看起来很像，都是中证800分类医药指数。事实上，两个指数历史走势也很像，成份股相差无几。不过二者有一点细微区别，中证医药成份股包括医药和医疗，中证800医药成份股主要为医药类公司。

四 基本面指数

基本面类指数来源于美国。通过企业的营业收入、分红、现金流等基本面标准，挑选出经营基本面良好的上市公司。目前我国主要有四个常见的基本面指数。

1. 中证锐联基本面50指数（代码：000925）

该指数挑选以4个基本面指标（营业收入、现金流、净资产、分红）来衡量的经济规模最大的50家A股上市公司作为样本，挑选规模最大的50家公司作为样本。

表 1-27　　中证锐联基本面 50 指数基金

基金代码	基金简称	成立年限（年）	管理费率（%）	成立以来年化回报（%）	基金规模（亿元）
160716. OF	嘉实基本面 50 指数（LOF）A	9.14	1.00	3.44	20.72

资料来源：Wind，截至 2018 年底。

2. 中证锐联沪港深基本面 100 指数（代码：930723）

这个指数以沪深交易所和香港联合交易所互联互通机制规定范围内可交易的 A 股及港股为样本空间，依据营业收入、现金流、净资产和分红四大财务指标，挑选前 100 只基本面价值股票作为成份股。这也是我国内地与香港资本市场互联互通机制实施以来的首只跨市场基本面指数，为基民提供了新的跨市场投资标的。

表 1-28　　中证锐联沪港深基本面 100 指数基金

基金代码	基金简称	成立年限（年）	管理费率（%）	成立以来年化回报（%）	基金规模（亿元）
166402. OF	浦银安盛中证 100	1.81	1.00	-0.46	0.51

资料来源：Wind，截至 2018 年底。

3. 基本面 60（代码：399701）

这个指数系列以深市 A 股为样本空间，分别挑选基本面价值最大的 60 家深市 A 股上市公司作为样本。该指数的基日为 2002 年 12 月 31 日，基点为 1000 点。

表 1－29　　基本面 60 指数基金

基金代码	基金简称	成立年限（年）	管理费率（%）	成立以来年化回报（%）	基金规模（亿元）
530015. OF	建信深证基本面 60ETF 联接 A	7. 45	0. 50	6. 04	2. 80
159916. OF	建信深证基本面 60ETF	7. 45	0. 50	6. 55	2. 98

资料来源：Wind，截至 2018 年底。

4. 基本面 120（代码：399702）

这个指数系列以深市 A 股为样本空间，分别挑选基本面价值最大的 120 家深市 A 股上市公司作为样本。指数的行业分布相对均衡一些。基日为 2002 年 12 月 31 日，指数基点为 1000 点。

表 1－30　　基本面 120 指数基金

基金代码	基金简称	成立年限（年）	管理费率（%）	成立以来年化回报（%）	基金规模（亿元）
159910. OF	嘉实深证基本面 120ETF	7. 55	0. 50	4. 11	5. 96
070023. OF	嘉实深证基本面 120ETF 联接 A	7. 55	0. 50	4. 25	5. 84

资料来源：Wind，截至 2018 年底。

五　MSCI 系列指数

自从 A 股入摩之后，MSCI 系列指数基金就火了。梳理目前 MSCI 指数基金会发现，这些基金主要追踪三个 MSCI 指数，分别是 MSCI 中国 A 股指数、MSCI 中国 A 股国际指数、MSCI 中国 A

股国际通指数。

1. MSCI 中国 A 股指数（代码：133333. CSI）

这个指数早在 2005 年 5 月发布，旨在覆盖沪深两市的大中盘股。

从所有的 A 股中选取流通市值排名前 85% 的股票作为成份股，有 870 多只 A 股股票。

表 1－31　MSCI 中国 A 股指数基金

基金代码	基金简称	成立年限（年）	管理费率（%）	成立以来年化回报（%）	基金规模（亿元）
040002. OF	华安 MSCI 中国 A 股指数增强	16. 29	1. 00	8. 44	17. 52
006524. OF	前海开源 MSCI 中国 A 股 A	0. 22	0. 50	－10. 61	2. 26

资料来源：Wind，截至 2018 年底。

2. MSCI 中国 A 股国际指数（代码：704843L. MI）

该指数于 2014 年 6 月发布，是 2017 年以前市场普遍认为 A 股会纳入 MSCI 指数的版本。它将世界各地上市的全部中国股票按流通市值进行排名，取前 85%，再从中选出 A 股市场上市股票部分，最终形成该指数的成份股，共 450 余只 A 股股票，目前跟踪的指数基金也比较多。

3. MSCI 中国 A 股国际通指数（代码：716567L. MI）

这个指数是 A 股纳入 MSCI 新兴市场指数的“实时跟踪版”。将来 MSCI 对纳入的 A 股股票会不断扩充、调整，这个指数也会同步扩大更新。

表 1－32 MSCI 中国 A 股国际指数基金

基金代码	基金简称	成立年限（年）	管理费率（%）	成立以来年化回报（%）	基金规模（亿元）
512920. OF	新华 MSCI 中国 A 股国际 ETF	0. 28	0. 50	－35. 57	1. 08
512860. OF	华安 MSCI 中国 A 股国际 ETF	0. 39	0. 50	－10. 76	1. 14
512360. OF	平安 MSCI 中国 A 股国际 ETF	0. 68	0. 50	－26. 30	3. 27
005868. OF	平安 MSCI 中国 A 股国际 ETF 联接 A	0. 66	0. 50	－20. 25	1. 84
005747. OF	华安 MSCI 中国 A 股国际 ETF 联接 A	0. 32	0. 50	－29. 08	0. 82

资料来源：Wind，截至 2018 年底。

表 1－33 MSCI 中国 A 股国际通指数基金

基金代码	基金简称	成立年限（年）	管理费率（%）	成立以来年化回报（%）	基金规模（亿元）
006063. OF	景顺长城 MSCI 中国 A 股增强	0. 61	1. 20	－26. 19	5. 00
006034. OF	富国 MSCI 中国 A 股国际通增强	0. 15	1. 00	4. 26	2. 28
512990. OF	华夏 MSCI 中国 A 股国际通 ETF	4. 02	0. 50	－2. 88	5. 38
512520. OF	华泰柏瑞 MSCI 中国 A 股国际通 ETF	0. 81	0. 50	－25. 75	8. 57

续表

基金代码	基金简称	成立年限（年）	管理费率（%）	成立以来年化回报（%）	基金规模（亿元）
512280. OF	景顺长城 MSCI 中国 A 股国际通 ETF	0. 81	0. 50	-26. 23	11. 12
512180. OF	建信 MSCI 中国 A 股国际通 ETF	0. 83	0. 50	-25. 37	13. 87
512160. OF	南方 MSCI 国际通 ETF	0. 88	0. 50	-22. 00	10. 54
512090. OF	易方达 MSCI 中国 A 股国际通 ETF	0. 76	0. 50	-25. 59	9. 62
006286. OF	华泰柏瑞 MSCI 中国 A 股国际通 ETF 联接 A	0. 36	0. 50	-17. 84	0. 99
005832. OF	景顺长城 MSCI 中国 A 股国际通 ETF 联接	0. 76	0. 50	-25. 60	3. 73
005829. OF	建信 MSCI 中国 A 股 ETF 联接 A	0. 76	0. 50	-14. 40	0. 90
005788. OF	南方 MSCI 中国 A 股 ETF 联接 A	0. 70	0. 50	-17. 21	3. 20
005761. OF	招商 MSCI 中国 A 股 A	0. 85	0. 60	-18. 39	30. 12

资料来源：Wind，截至 2018 年底。

第六节

借道海外指数，港股、美股也能买买买

前面介绍了很多 A 股指数，除了这些，市场上还有很多海外指数。很多基金公司发行了相应的海外指数基金，基民就可以通过这些指数基金投资海外市场。

从投资区域看，主要有港股市场、美股市场以及其他市场。

一 港股指数

1. 恒生指数

说起港股，大家第一个想起来的指数，就是恒生指数了。恒生指数（代码：HSI. HI）于 1969 年 11 月 24 日推出，是中国香港最早的股票市场指数之一，比 A 股要早 20 多年。其基期为 1964 年 7 月 31 日，基点为 100。

恒生指数包括市值最大及成交最活跃的 50 只港股，以反映市值最大及成交最活跃的香港上市公司表现，也被称为香港蓝筹股指数。

表 1－34　　恒生指数基金

基金代码	基金简称	成立年限（年）	管理费率（%）	成立以来年化回报（%）	基金规模（亿元）
164705. OF	汇添富恒生指数	4. 96	1. 20	4. 52	3. 62
160924. OF	大成恒生指数	1. 52	1. 00	-3. 90	0. 26
159920. OF	华夏恒生 ETF	6. 53	0. 60	5. 97	39. 01
150169. OF	汇添富恒生指数 A	4. 96	1. 20	5. 01	3. 62
000076. OF	华夏恒生 ETF 联接 A（美元现钞）	6. 50	0. 60	4. 12	9. 00
000075. OF	华夏恒生 ETF 联接 A（美元现汇）	6. 50	0. 60	4. 12	9. 00
000071. OF	华夏恒生 ETF 联接 A（人民币）	6. 50	0. 60	5. 41	9. 00
513660. OF	华夏沪港通恒生 ETF	4. 16	0. 50	5. 41	8. 31
513600. OF	南方恒生 ETF	4. 16	0. 50	5. 59	0. 69
501302. OF	南方恒生 ETF 联接 A	1. 58	0. 50	0. 14	0. 54
000948. OF	华夏沪港通恒生 ETF 联接 A	4. 10	0. 50	3. 94	7. 89

2. 恒生中国企业指数

这个就是国企指数或者 H 股指数（代码：HSCEI. HI）。基日为 2000 年 1 月 3 日，基点为 2000。

这个指数的由来，是由于在港股市场上，H 股的市值及成交额日益增加，而且成交活跃度越来越高，为了反映在港国内企业的表现，所以才有了这个指数。很多中国投资者都喜欢去中国香港投资中资企业，所以这个指数跟踪的产品也比较多。

表 1－35　　恒生中国企业指数基金

基金代码	基金简称	成立年限（年）	管理费率（%）	成立以来年化回报（%）	基金规模（亿元）
510900. OF	易方达恒生 H 股 ETF	6. 53	0. 60	2. 32	73. 54
161831. OF	银华恒生 H 股	4. 86	1. 00	0. 84	27. 82
160717. OF	嘉实 H 股指数（QDII－LOF）	8. 39	0. 75	－3. 17	2. 92
150175. OF	银华恒生 H 股 A	4. 86	1. 00	5. 46	27. 82
110031. OF	易方达恒生 H 股 ETF 联接 A 人民币	6. 50	0. 60	1. 73	13. 52
005675. OF	易方达恒生 H 股 ETF 联接 C 人民币	1. 02	0. 60	－5. 68	13. 52
513680. OF	建信港股通恒生中国企业 ETF	0. 18	0. 50	2. 92	2. 36
159960. OF	平安港股通恒生中国企业 ETF	0. 41	0. 50	－24. 93	4. 65

【老娘舅指点迷津】

2018 年恒生指数公司发布优化恒生国企指数方法，将腾讯、华润置地等 10 家红筹或民企加入恒生国企指数。

指数运行得好好的，为什么突然要扩容呢？这个还要追溯到十几年前指数发布的时候，当时赴港上市的公司基本上是 H 股公司，所以指数规则也规定从 H 股中选择成份股。后来很多民营股和红筹股也纷纷赴港上市，这两类股票中诞生了很多优质的上市公司，比如大家都知道的腾讯控股、瑞声科技、吉利汽车等，而这些公司因为指数规则的原因被拒之门外，久而久之，很多人就会怀疑该指数所谓中国优质上市公司的代表性。

因此，2018 年恒生指数公司发布了恒生国企指数优化方案，以后恒生国企指数也会具有越来越强的“中国代表性”。

二 美股指数

1. 道琼斯工业指数

道琼斯指数（代码：DJI. GI）可以说是世界上使用最广泛、最具影响的股票指数，是由《华尔街日报》和道琼斯公司创建者查尔斯·道创造的几种股票市场指数之一，一共有 30 只成份股。于 1896 年 5 月 26 日问世，1928 年 10 月 1 日作为基准日。

100 多年来，这个股票价格指数从编制以来从未间断，可以用来观察世界不同时期的股票行情，是全世界投资者的参考之一。早期成份股多与重工业有关，所以名字里有“工业”二字，目前大部分都与重工业不再有关。目前国内还没有一只基金跟踪这个指数。

2. 标准普尔 500

标准普尔 500（代码：SPX. GI）是记录美国 500 家上市公司的一个股票指数。由 Standard & Poor's 公司从纽交所中选出 500 只股票的股价（其中 78% 为工业股，12% 为公用事业股，2% 为运输股，8% 为金融股）所计算得出的股价指数。

与道琼斯指数相比，标准普尔 500 指数包含的公司更多，因此风险更为分散，能够反映更广泛的市场变化。

表 1-36 标准普尔 500 指数基金

基金代码	基金简称	成立年限（年）	管理费率（%）	成立以来年化回报（%）	基金规模（亿元）
513500. OF	博时标普 500ETF	5. 21	0. 60	9. 73	7. 03
161125. OF	易方达标普 500 人民币	2. 21	0. 80	4. 76	1. 45
096001. OF	大成标普 500 等权重	7. 91	1. 00	7. 93	1. 78
050025. OF	博时标普 500ETF 联接 A	6. 68	0. 60	11. 60	4. 26
003718. OF	易方达标普 500 美元现汇	2. 21	0. 80	4. 86	1. 45

3. 纳斯达克 100

纳斯达克 100（代码：NDX. GI）由纳斯达克证券交易所从 1985 年 1 月 31 日开始编制，由纳斯达克交易所上市的最大 100 家非金融企业组成。

表 1-37 纳斯达克 100 指数基金

基金代码	基金简称	成立年限（年）	管理费率（%）	成立以来年化回报（%）	基金规模（亿元）
513100. OF	国泰纳斯达克 100ETF	5. 82	0. 60	15. 56	6. 03
270042. OF	广发纳斯达克 100 指数 A 人民币（QDII）	6. 51	0. 80	14. 64	13. 92
161130. OF	易方达纳斯达克 100 人民币	1. 65	0. 80	5. 15	0. 86
160213. OF	国泰纳斯达克 100	8. 81	0. 80	14. 32	7. 34
159941. OF	广发纳斯达克 100ETF	3. 69	0. 80	10. 44	0. 33
040048. OF	华安纳斯达克 100 美元现汇	5. 55	0. 80	11. 02	1. 93
040047. OF	华安纳斯达克 100 美元现钞	5. 55	0. 80	11. 02	1. 93

续表

基金代码	基金简称	成立年限（年）	管理费率（%）	成立以来年化回报（%）	基金规模（亿元）
040046. OF	华安纳斯达克 100 人民币	5. 55	0. 80	13. 19	1. 93
003722. OF	易方达纳斯达克 100 美元现汇	1. 65	0. 80	4. 72	0. 86
000834. OF	大成纳斯达克 100	4. 27	0. 80	11. 54	2. 14
000055. OF	广发纳斯达克 100 指数 A 美元（QDII）	4. 09	0. 80	10. 86	13. 92

三 其他海外市场指数

除了美股、港股指数，现在也有基金公司开始开发跟踪其他市场的指数基金。比如华安德国 30（代码：DAX）跟踪的就是德国 30（代码：DAX）指数——欧洲三大指数之一。

表 1 –38　　华安德国指数基金

基金代码	基金简称	成立年限（年）	管理费率（%）	成立以来年化回报（%）	基金规模（亿元）
513030. OF	华安德国 30（DAX）ETF	4. 53	0. 80	–1. 80	2. 91
000614. OF	华安德国 30（DAX）ETF 联接	4. 52	0. 80	0. 43	2. 17

第二章

认识指数基金

第一节

什么是指数基金，与主动型基金有何区别

上一章我们讲了什么是指数，这一章我们讲指数基金。

指数基金，顾名思义就是跟踪指数的基金，是比较常见的一类基金。以特定指数为跟踪标的，并以该指数的成份股为投资对象，通过购买该指数的全部或部分成份股构建投资组合，以追踪标的指数表现的基金产品。比如追踪沪深300、中证500指数的基金，就是指数基金。和主动型基金不同，指数基金减少了对基金经理的依赖，通过复制标的指数的市场表现，而不谋求超越市场表现，所以指数基金也被称为“傻瓜式理财”，深受广大基民的喜欢。

【老娘舅指点迷津】

指数基金虽然大多数是完全被动型的，但它细分起来可以分为两类：被动型指数基金和增强型指数基金。

被动型指数基金就是完全复制型指数基金，即完全复制指数进行运作的指数基金，力求按照基准指数的成分和权重进行配置，以最大限度地减小跟踪误差为投资目标。

增强型指数基金指的是在被动跟踪指数的基础上，加入增强型的积极投资手段，对投资组合进行适当调整，力求超越指数表现的指数基金。

第二节

一个灵魂拷问：指数基金到底赚钱吗

关于指数基金，很多刚接触的投资者会有这样一个疑问，投资指数基金真的能赚钱吗？有什么稳赚不赔的方法吗？甚至有些投资者会说，我也买过指数基金，但是并没有赚到钱！这到底是怎么回事呢？下面就从这些问题开始。

指数基金是个舶来品，来自美国。要回到这个问题，我们先回到指数基金的发源地——美国，看看指数基金在美国能赚到钱吗？

提到美国指数基金的诞生，就不得不提到一个人——约翰·伯格，他被称为“指数基金之父”，因为是他发现并向全世界传播了指数基金的投资价值。

约翰·伯格做过一个数据研究，统计了历史上指数基金与主动型基金的年度表现情况。他发现，1942～1997年间，标准普尔500指数几乎每年超过积极型共同基金的平均水平约1.3%。1978～1999年间，在共同基金（美国的公募基金）管理人中，有79%的业绩比不上指数基金。从长期角度看，指数基金能够战胜七成以上的主动型基金。

约翰·伯格还发现，1970 年美国共有 335 只共同基金，到 2005 年有 223 只倒闭清算，消亡比例近 2/3，只有 3 只基金持续保持超越指数 2 个百分点以上的年收益率，仅占 0.8%，这意味着 36 年间 99% 的基金都输给了指数。

这些数据充分证明了一个道理，在美国，指数基金不仅赚钱，而且赚钱的能力要高于主动性基金。

一 中国的指数基金能赚钱吗

看完了美国的指数基金，我们来看看它来到中国后，是否和在美国一样，让投资者赚到钱了呢？见表 2－1。

表 2－1　　指数基金回报比较

	近 5 年回报	近 10 年回报
被动指数型基金平均	65.58%	46.27%
增强指数型基金	82.13%	53.07%

资料来源：Wind，截至 2018 年 6 月底。

根据 Wind 数据，截至 2018 年 6 月底，被动指数型基金过去 5 年平均收益 65.58%，过去 10 年平均收益 46.27%。增强指数型基金收益更甚，过去 5 年、过去 10 年的平均收益率分别达到 82.13%、53.07%。

可见，如果你是个长期投资者，只需要拿着指数基金，不用做其他的，就可以赚到钱。当然，如果还注重止盈止损，再运用些投资策略，这个收益可能会更高。这部分内容我们放在后面说，这里先不多说了。

二 10倍指数有哪些

10倍指数是很多投资者梦寐以求的投资品种，如果能找到一两个，且跟随指数成长，长期投资下来可以获得非常可观的收益。所以寻找10倍指数也成为很多投资者来到市场的一个目标。

A股诞生近30年来，市场上确实诞生过很多10倍指数，老娘舅截取了其中部分指数，见表2-2。

表2-2 A股市场上的10倍指数（部分）

指数代码	指数简称	2005年以来涨幅（%）
000912. SH	沪深300消费	1349. 52
000978. SH	医药100	1319. 53
000932. SH	中证消费	1139. 20
000913. SH	沪深300医药	1077. 27
000933. SH	中证医药	1032. 21
000991. SH	全指医药	970. 11

资料来源：Wind，截至2018年6月底。

可见，从2005年以来，包括沪深300消费、医药100、中证消费等在内的多个指数的涨幅超过1000%，也就是很多投资者梦寐以求的10倍指数。如果买了跟踪这些指数的指数基金，并且长期持有，不仅可以赚钱，而且还有可能获得10倍的投资回报。假如中间学会利用指数周期，这个收益可能会更丰厚。

三 牛市中，指数基金最赚钱吗

关于指数基金还有一个说法：牛市中指数基金很赚钱。为什么这么说？因为指数基金几乎满仓运行，所以在市场急速上涨的牛市阶段，一般指数基金表现要好于其他类型的权益基金。见表2－3。

表2－3　　牛市中各类型基金收益比较

	2005.6.6～2007.10.16	2008.10.29～2009.8.4
普通股票型基金	583.43%	99.14%
偏股混合型基金	484.91%	85.23%
被动指数型基金	551.85%	115.64%
增强指数型基金	514.19%	99.58%

表2－3是前两轮牛市的数据，比较直观，在市场急涨阶段，指数基金相对可以获得可观收益，不过收益和主动型基金相比，也没有太突出，这可能与中国牛短熊长的市场环境有关。

【老娘舅指点迷津】

归根到底，指数基金就是一个投资工具，可以为投资者所用，主动权掌握在基民手里。所以想要利用指数基金赚钱，就要十分了解这种工具，并掌握指数基金投资的很多技巧。

第三节

指数基金赚的什么钱

大家买了指数基金，持有一段时间后，基金账户里可能会出现一定的盈利。那么，这个钱是从哪里来的？指数基金赚钱的原理是什么呢？它挣的是什么钱？

一 公司的盈利增长

投资指数基金，归根到底买的还是上市公司股票，所以指数基金的盈利最终还是要回到股票上面。股票是什么？股票是股份公司为筹集资金而发行给各个股东作为持股凭证并借以取得股息和红利的一种有价证券。一般股价上涨就意味着公司盈利增加，看好的人多了起来，股票成长性比较好。比如A股的贵州茅台，2017年公司实现营收582.18亿元，同比增长49.81%；实现归属于上市公司股东净利润为270.79亿元，同比增长61.97%。相应的，2017年贵州茅台全年上涨118.89%。再比如港股的腾讯控股，2017年全年净利润715亿元，同比增74%，全年营收2377.6亿元，同比增56%。同时，2017年腾讯控股的涨幅达到了114.52%，同样翻倍。

对于那些重仓了这些股票的基金，2017年大概率会有一个不错的收益。比如易方达中概海外互联（513050），腾讯控股的持仓占比20%，2017年这只基金实现净值增长49.81%，其中很大一部分贡献来自腾讯控股。所以如果上市公司盈利持续增长，业绩年年报喜，那么自然看好的人就会多，股价也会跟着节节高升，持有这些股票的基金的净值也会越来越高，体现在基民账户里，就是盈利增加、账户飘红。

二 估值的钱

市场有低估的时候，也有高估的时候。受市场影响，指数也会有低估和高估之分，会受到市场情绪、盈利下滑以及宏观市场的影响。

比如当整个板块盈利下滑，处于历史底部，这时候估值就比较低。如果股价低于公司价值，那么这家公司就被低估了。买的基金重仓的个股多为这类低估值的股票的话，未来赚钱的概率也是很大的。

当市场进入盈利周期的时候，这时候估值就会走高，股价随之上涨，股价逐渐与公司内在价值持平，或者超过公司内在价值，一直持有到高估的时候卖出止盈。

对于投资者来说，我们要做的就是在低估时买入、高估时卖出，低买高卖，这就是最朴素的指数基金赚钱的道理。

三 投资也是“赌”国运

我们常说投资就是投国运，就连巴菲特也说自己中了“卵巢彩票”，正好赶上美国最强盛的 100 年，所以才能有如此投资成就。巴菲特坚持数十年价值投资的一个重要支柱就是坚信国家明天更美好，他认为，“赌”美国继续繁荣下去是确定性非常高的事情。而投资者可以通过投资国家的优秀企业推动经济，促进民众富足，用真金白银支持自己的国家。美国在 20 世纪之所以能够成为世界金融中心，重要原因就是美国经济的强大。

股票背后的上市公司反映了国家经济中最有活力的部分。国家经济形势好，实体经济一片繁荣，企业盈利增加，股价也会不断走高。与之相对，如果上市公司“走下披路”，就意味着一国经济的下滑，反应在资本市场上，就是市场萧条、上市公司股价持续低迷。

所以，不管是买股票，还是买基金，赚的就是企业发展的钱，国家经济繁荣的钱。结合我国当下，只有中国经济继续发展，那么沪深 300 指数、中证 500 指数长期一定是向上的。投基买股，本质上就是“赌”国运，“赌”我国经济会继续增长，上市企业会越来越好。

第四节

为啥说指数基金可以躺着赚钱？它的投资优势和劣势有哪些

我们说投资没有十分安全的，都是有风险的。只是相比其他权益基金，指数基金真的算是“躺着”就能赚到钱的一类基金吗？它有哪些投资优势呢？

一 指数基金的优势

1. 操心少

直接买股票要研究复杂的半年报、年报，还要熟悉净利润、营收、现金流、负债等专业名词。这些东西比较复杂，而且需要花费大量的时间和精力去研究，对于平时忙碌、并非专业人员的普通上班族而言，既不现实，也不太可能。这时候就显示出指数基金的好处了。指数基金是由公募机构发行的，由专业人才打理，我们只要出一些管理费、申赎费就可以。而且，相比直接买股票，指数基金不需要花费过多时间去研究，不需要了解复杂的财务知识，只需要选好一只想要的指数，然后在跟踪的指数基金中选择一只好基金就可以。剩下的就交给基金经理，我们平时只需要研究和这只基金、这个指数相关的一些东西就可以。

花费的时间少，而且容易研究透彻，对于普通基民来说，指数基金就是省心省力的最好选择之一。

2. 永续性

指数有指数的编制规则，每个指数都有一套自动更新的优化机制，每年或每半年对成份股进行微调，达不到标准的就要被剔除，纳入达标的新股票。比如说沪深 300 指数，包含了上海和深圳两市规模最大、流通性最好的前 300 家公司，固定时间调整成份股。这时候就会给两市股票重新排坐，排名落到 300 名之外的成员就要被剔除，表现优异的上市公司加入进来，在指数内部实现了一套淘汰机制，能者上、庸者下。只要 A 股市场存在，指数就永远不会消亡。只要国运向上、经济繁荣，那么指数就长期向上，投资者就有钱赚。

投资者要做的是，严守投资纪律，坚持长期定期投资，理论上只要定投的品种不退市，那么赚钱的概率还是很大的。

【老娘舅指点迷津】

虽然说指数具有永续性，但是指数基金不是永续存在的，因为市场或者自身运营问题，可能存在清盘风险，所以我们在挑选指数基金的时候，要擦亮眼睛，避免选到清盘基金。

3. 牛市跑得快

这个前面也提到了，指数基金基本上常年保持 90% 以上的仓位。比较高的仓位，更能充分利用好牛市行情。在牛市中，指数基金一般也是上涨最快的一类基金。

投资者在熊市或者震荡市潜伏买入，等待牛市到来的时候卖掉，投资指数基金赚钱就是这么简单。不过这点有利有弊，高仓位意味着当市场下行时，指数基金也要保持高仓位运作，回撤一般也比较大。

4. 费用低廉

指数基金被动跟踪指数，不需要基金经理做太多投研分析，人力及运营成本比较低，体现在基金费率上，一般管理费都比主动性基金低廉。

巴菲特说过，简单的方式往往更有效。对于绝大多数投资者来说，成本费率低的指数基金是股票投资的最佳选择。他从 1993 年开始就在其股东大会中多次推荐指数基金，指出以分散且低成本方式投资所有美国企业即可分享优异的业绩。在 2017 年致股东的信中，巴菲特表示，如果立遗嘱，会要求把 90% 的名下资产投入到成本低廉的指数基金里；至于伯克希尔，会在巴菲特去世之后，每一股都将被分配到 5 只基金里，并且要求持有 10 年之久。

二 指数基金的劣势

指数基金有很多投资优点，但并不意味着它是一种完美的投资工具。细究起来，指数基金也有一些投资劣势。

1. 过分分散

这是指数基金由一篮子股票组成，标的指数成份股有固定的规则，所以即便有个股涨停翻倍也会被其他股票拉低收益，有些垃圾股如果符合规则也会被纳入指数成份股内。不像主动型基金，基金经理可以根据股票基本面进行集中投资。

2. 熊市跌得快

前面我们说指数基金牛市满仓运行，涨得快。反之，熊市阶段，指数基金按照规则也要满仓运行，不能减仓避险，所以熊市跌得也快。

3. 需要基民更多主动性

主动型基金，投资者把资金交给了基金经理，由基金经理帮投资者打理资金。但是指数基金就不一样了，因为是跟着指数规则走的，所以基金经理的操作空间不大，更多需要基民提前做足功课，了解清楚指数及指数基金，熊市自己可以主动减仓等。

可以这么说，指数不是个完美的投资标的，但确实是一个好的投资工具。

第五节

指数基金魅力大，连巴菲特、林奇、博格尔都为它打 call

指数基金的粉丝既包括广大普通投资者，也包括很多知名投资大师，比如巴菲特、彼得·林奇等，他们就曾多次推荐指数基金。

一 名人力荐指数基金

巴菲特早在 20 世纪 90 年代就开始在公开场合表示对于指数基金的推崇——多达 10 次。在 2017 年致股东的信中，巴菲特表示，如果立遗嘱，会要求把 90% 的名下资产投入成本低廉的指数基金里。在与对冲基金经理泰德·西德斯的 10 年赌约中，巴菲特推荐的标普 500 指数基金也大获全胜。

管理麦哲伦基金并连续 14 年战胜标普 500 指数的明星基金经理彼得·林奇感叹："专业投资管理的劣势越来越明显，因此普通大众投资者选择指数基金投资业绩将会更好。"

"指数基金教父"约翰·博格尔在 1974 年就断定并不存在能

战胜市场指数的基金，并开始推行以指数为基准进行投资的原则，同年成立了先锋指数基金。经过数10年发展，先锋基金管理资产从初期的1100多万美元，增至8840亿美元，先锋集团也成长为美国第二大基金管理公司。

二 巴菲特的10年赌约

2007年，巴菲特以50万美金作为赌注，以标普500指数基金PK职业投资人的对冲基金，以10年为期限，看看谁的收益更高。来自Protégé Partners资产管理公司的Ted Seides接受了巴菲特的挑战。Ted Seides选择了5种对冲基金组合与巴菲特的标普500指数基金对赌。

最终巴菲特赢得了这次赌约。从2008年到2017年的这10年间，标普500指数基金的回报率达到125.8%，折合年化收益达8.5%。而Ted Seides的5只FOF基金每只的表现都输给了标普指数，好一点的有6.5%的年化回报率，最惨的只有0.3%（见表2-4）。

表2-4　巴菲特的10年赌约

年份	基金A	基金B	基金C	基金D	基金E	标准普尔指数基金
2008	-16.5%	-22.3%	-21.3%	-29.3%	-30.1%	-37.0%
2009	11.3%	14.5%	21.4%	16.5%	16.8%	26.6%
2010	5.9%	6.8%	13.3%	4.9%	11.9%	15.1%
2011	-6.3%	-1.3%	5.9%	-6.3%	-2.8%	2.1%
2012	3.4%	9.6%	5.7%	6.2%	9.1%	16.0%

续表

年份	基金 A	基金 B	基金 C	基金 D	基金 E	标准普尔指数基金
2013	10.5%	15.2%	8.8%	14.2%	14.4%	32.3%
2014	4.7%	4.0%	18.9%	0.7%	-2.1%	13.6%
2015	1.6%	2.5%	5.4%	1.4%	-5.0%	1.4%
2016	-3.2%	1.9%	-1.7%	2.5%	4.4%	11.9%
2017	12.2%	10.6%	15.6%	N/A	18.0%	21.8%
最终收益	21.7%	42.3%	87.7%	2.8%	27.0%	125.8%
年平均收益	2.0%	3.6%	6.5%	0.3%	2.4%	8.5%

资料来源：2017 年《巴菲特致股东的信》。

为此，在 2018 年致股东信中，巴菲特再一次特意提到了 10 年前的这一赌约，并重申他对被动投资的支持：投资者应当坚持更大局的、看起来“简单”的决定，并避免大量的交易。

第三章

指数基金分类

第一节

买基金前，得先知道指数基金有哪些种类

很多基民经常会有这样的问题，该怎么买指数基金？指数基金分类比较多，主要的有以下几种。

一 按照追踪方式，可以分为增强型和被动型

被动型，就是完全被动追踪指数的指数基金。

增强型，就是在被动基础上，将一部分仓位投入主动选股的策略，追求超额收益。

对于基民来说，被动型指数基金，被动追踪指数，可以当做一个投资工具使用。而增强型指数基金，β 收益基础上追求 α 收益，可以当做一个长期持有的标的。

二 按照交易方式，可以分为场内交易和场外交易

场内交易，就是可以在交易所上市交易的基金，比较快捷便利。

场外交易，就是通过基金账户购买基金的行为，分为直销渠

道（基金公司官网、基金公司 APP）和代销渠道（天天基金网、蚂蚁财富等第三方销售平台，券商、银行）。

三 按照指数不同，可以分为宽基指数基金和主题（行业）指数基金、策略指数基金

这个是由追踪指数决定的。

跟踪宽基指数的，就是宽基指数基金，比如华夏上证 50ETF、华泰柏瑞沪深 300ETF。

跟踪主题（行业）指数的，就是主题（行业）指数基金，比如华宝银行 ETF、招商中证白酒。

跟踪策略指数的，就是策略指数基金，比如富国红利基金、富国价值 ETF。

四 按照产品机制，可以分为 ETF、LOF 和分级基金

ETF 是英文名 Exchange Traded Funds 的缩写，是一种特殊的开放式基金。投资者既可以向基金管理公司申购或赎回基金份额，同时，又可以像封闭式基金一样在二级市场上按市场价格买卖 ETF 份额。为了解决申购门槛过高的问题，基金公司开发出了 ETF 联接基金，这类基金以 ETF 为追踪标的，门槛较低。

LOF 是英文名 Listed Open-Ended Fund 的缩写，翻译过来就是上市型开放式基金。是一种中国特有的指数基金，既可以通过场内外申购赎回，也可以通过场内交易。不过要注意一点，LOF 基金中大部分是指数型基金，也有一部分主动型基金。比如 2018

年火爆的兴全合宜，就是一只 LOF 基金。

分级基金，英文名为 Structured Fund，又叫结构型基金，是指在一个投资组合下，通过对基金收益或净资产的分解，形成两级（或多级）风险收益表现有一定差异化基金份额的基金品种。一般会拥有母基金和多类份额，并分别给予不同的收益分配。

【老娘舅指点迷津】

一般来说，ETF 的仓位比较高，运作模式比 LOF 高效，所以其追踪效果和流动性一般比 LOF 要好。不过 LOF 既可以场内外申赎，也可以进行场内交易，对于普通投资者而言选择比较多。

分级基金，因为其 B 份额具有较高杠杆特性，预期风险高，预期收益也高，而且又有 30 万元的资产门槛，所以并不适合大多数基民。

第二节

增强型或被动型基金哪个好

追踪同一个指数的指数基金中，有时候会出现这样一个奇怪的现象：同样区间年度，追踪同一个指数，但是最后的效果却差别很大。

我们就拿兴全沪深300和华泰柏瑞沪深300举例（见表3－1）。

表3－1　同一指数基金的不同收益

基金代码	基金简称	2018年收益（%）
163407. OF	兴全沪深300指数增强	－16. 95
510300. OF	华泰柏瑞沪深300ETF	－23. 91

资料来源：Wind。

2018年沪深300指数下跌25. 31%。同样是指数基金，华泰柏瑞沪深300ETF下跌23. 91%，看起来和指数相差不大，属于紧密跟踪指数的。但是兴全沪深300就下跌了16. 95%，和华泰柏瑞沪深300ETF相差了将近7个点。这到底是为什么呢？

原因就在于基金名字后面那两字，兴全后面是“增强”，而华泰柏瑞后面是“ETF”，一个是增强型指数基金，一个是被动型指数基金。下面我们就详细说说这两类指数基金。

前面我们说了，指数基金的目的是完全复制指数，增强型指数基金相比被动型指数基金，主要差别在于被动跟踪指数的同时，还将一部分仓位投入主动选股的策略。它和被动型指数基金的最大区别就是，这类基金是希望能够提供高于标的指数回报的。

一　为什么会有指数增强型基金呢

其实很容易理解，我们说，有时候指数基金只是一味地跟踪指数。但是A股市场是不完全有效的市场（散户居多），炒作个股比较多，直接影响到指数成份股的进出，这时候增强型指数基金就发挥作用了，基金经理可以通过积极的指数组合管理和风险控制，在追踪指数基础上，通过部分仓位做主动投资管理，来取得超额收益。

增强型指数基金的收益来源于两部分：一部分是指数上涨的收益，另一部分是超越指数的超额收益。

二　和被动型指数基金相比，有何不同

在追踪方式上，被动型指数基金是完全被动追踪指数，不做主动管理。而增强型指数基金是在被动追踪的基础上，会拿出部分仓位做超额收益。

在基金费率上，增强型基金大部分资产会跟踪指数，但是因为需要基金管理人的研究、管理，基金经理会选择投资看好的个股或板块，以此来增强收益。由于受基金经理的影响较大，收取的管理

费相对比较高。而被动型指数基金在这方面就比较低。所以在费率上，增强型指数基金要高于普通指数基金。比如兴全沪深300管理费率为0.8%，而华泰柏瑞沪深300ETF的费率只有0.5%。

在超额收益上，普通指数基金不寻求超越指数表现，追求的是完美复制指数，所以基本上没有超额收益。而增强型指数基金追求的就是超越指数表现，赚取超额收益。所以，衡量增强型指数基金的一个重要标准就是超越指数多少收益。

需要注意的是，虽然增强型指数基金寻求的是超额收益，但是对于基金管理者来说，管理水平的高下直接决定了超额收益的多少，有的可能比较多，有的甚至是负的。

三　投资指数一定要选择增强型指数基金吗

这需要从两个方面来考虑。

首先，增强效果特别好的。如果你要投资的指数有相应的增强型指数基金，而且超额收益做得特别好，那么自然选择增强型指数基金。不过我们在选择的时候，不仅要看获得超额收益的能力，还要看获取超额收益的稳定性。不要只是在某一个阶段超额收益比较强，过一段时间就不行了，我们需要那种波动比较小、超额收益比较稳健的指数基金。

其次，看投资期限。如果是短线投资者，只是做波段投资，那么建议选择费率相对较低的被动型指数投资。如果想要长期投资指数基金，且有比较好的增强型指数基金的选择，那么尽量选择后者。

第三节

ETF & ETF 联接基金之间，到底什么关系

一 什么是 ETF 基金

ETF 基金全称为交易型开放式指数基金，英文名是 Exchange Traded Funds，ETF 是缩写。它既可以像封闭式基金一样在二级市场上使用现金进行交易，也可以在交易所内使用标的资产或现金对基金进行申购和赎回。

国内 ETF 基金投资目标大多为跟踪某一指数或基准，并希望能最小化跟踪误差。ETF 基金通过复制对应指数资产组合的方法来达到这一目标。说白了，ETF 基金就是被动型指数基金，完全复制指数，以追求与指数一致的收益为目标。而且 ETF 兼具股票和基金的优势和特色，是高效的指数化投资工具。

二 ETF 的投资优势

1. 仓位比较高

ETF 的基金仓位一般在 95% 左右，有些甚至可以达到 100%，

资金利用效率高，对指数的追踪效果好。

2. 流动性高

这是针对 ETF 基金的场内份额而言，很多机构和股民会参与其中，基金每天的交易额达千万元甚至数十亿元，而且每 15 秒刷新一次报价，就像股票一样交易。很多 ETF 可以实现 T+0 日内回转交易，流动性好，资金的使用效率也比较高。

3. 投资成本低

我们说指数基金的成本低，但 ETF 基金的成本更低。ETF 的二级市场交易免收印花税，无须征收持有 7 天以内赎回的 1.5% 强制赎回费。

除此之外，ETF 基金仓位透明，不像场外交易那样门槛比较高——动辄 30 万元、50 万元起步，所以对于很多投资者来说，可以通过场内渠道投资 ETF 基金。

三 什么是 ETF 联接基金

前面说了 ETF 场外申购门槛很高，无法满足大部分人，因此 ETF 联接诞生了。

ETF 联接基金是将绝大部分基金财产投资于某一 ETF（称为目标 ETF），密切跟踪标的指数表现，可以在各大销售平台申购赎回的基金。根据中国证监会的规定，ETF 联接基金投资于目标 ETF 的资产不得低于联接基金资产净值的 90%，其余部分应投资于标的指数成份股和备选成份股。

基金公司一般上市一只 ETF 基金后，就会推出相应的 ETF 联接基金，让更多普通投资者来投资。比如下面的华夏上证50ETF、以及华夏上证50ETF联接（见表3－2）。

表3－2 基金及联接基金示例

基金代码	基金简称	基金成立日	2018年收益（%）
510050.OF	华夏上证50ETF	2004－12－30	－18.32
001051.OF	华夏上证50ETF联接A	2015－03－17	－17.29

资料来源：Wind。

【老娘舅指点迷津】

大家注意到没有，联接基金的成立时间比ETF要晚。这是因为ETF成立后，申赎门槛太高，不适合普通基民。基金公司为了普通基民能够方便的申赎基金，就会在之后设立联接基金方便基民。

另外，2018年联接基金收益比ETF高一点，这主要是仓位决定的。ETF基本满仓运行，而ETF联接追踪ETF一般会保留一定仓位，所以在2018年单边下跌市场环境中，ETF跌幅要比ETF联接基金大。但是在单边上涨市场中，ETF涨幅一般是大于ETF联接基金的。

四 ETF基金、ETF联接基金的区别是什么

1. 交易方式不同

ETF基金可以在二级市场T＋0买卖，就像股票交易一样，流动性很好。

ETF 联接不能在二级市场交易，只能像普通开放式基金一样，在一级市场申购赎回，一般申购确认时间为 T+1，赎回到账为 T+3。

2. 投资门槛不同

ETF 基金投资门槛高，一般申购最低门槛 30 万份、50 万份甚至 100 万份，按照初始 1 元一份计算，需要 30 万元以上。它更适合机构投资者和专业投资者。

ETF 联接基金投资门槛比较低，大多 100 元、1000 元起，更适合个人投资者。

3. 投资范围

ETF 基金的投资范围就是标的指数成份股、备选成份股等。基金投资于标的指数成份股及备选成份股的比例不低于基金资产净值的 90%。

ETF 联接基金主要投资于目标 ETF 基金、标的指数成份股、备选成份股，且投资于目标 ETF 的比例不低于基金资产净值的 90%。

4. 申购费率

ETF 申购费率一般是申购赎回份额的 0.5%。如果从一级市场申购，按照最低 100 万元计算，申购费用需要 5000 元。

ETF 联接基金申购，低于 100 万元前端申购费率一般是 1.2%（通过基金公司申购，费率一般会打 6 折）。按此计算，即使打 6 折后，申购 90 万元 ETF 联接基金的费用也需要 6480 元，可见 ETF 联接基金申购费率要高于 ETF。

5. 净值更新频率

ETF 在二级市场上的净值更新一般是 15 秒一次，ETF 联接基金则是一天更新一次。

6. 购买方式

ETF 需要开通股票账户才可以在场内进行购买交易。

ETF 联接基金不可以在场内交易，只能通过银行、基金公司、第三方基金销售渠道购买。

五　ETF 基金、ETF 联接基金，该选择哪种

这两类指数并无明显的优劣之分，它们分别适合不同的人群。投资中，大家可以根据自身特点，选择适合自己的基金类型。

如果是想选择场内交易，那么可以选择流动性更好的 ETF 基金。因为 ETF 基金一般规模都比较大，流动性比较好。

当然，如果你不想开设股票账户，且找不到其他流动性好的指数基金，那么就选择相应的 ETF 联接基金。

第四节

场内基金、场外基金，哪个更适合我

平时常听的“场内”“场外”，是相对于沪深交易所而言的，这个“场”指的就是沪深交易所。

场内基金，指在交易所挂牌上市的基金，和股票一样，可以用股票账户买卖交易。比如 ETF 和 LOF 就是最常见的场内基金。

场外基金，顾名思义，就是不能在交易所交易的基金，就是我们平时在基金公司、第三方网站或者证券公司，用基金账户就可以买到的基金。

一个内，一个外，二者之间有什么区别呢？

一 场内基金和场外基金的区别

1. 购买渠道

场内是在证券交易所开户，通过证券公司交易软件进行交易，不能做定投，不能做转换。场外是通过银行柜台、网银、证券公司柜台、基金公司网站等交易渠道，可以做定投，可以做转换。

2. 交易费率

一般来说，场外基金申购费在 0.6% ~1.5% 之间，赎回费 0.5%。而场内基金无申赎费率，会收取相应的交易佣金，一般在万分之三左右，相较场外基金低了很多。

3. 购买门槛

一般的场外基金 100 元或者 1000 元起购，ETF 基金场外份额则要 100 万元起。而场内基金只需 1 手起，也就是 100 份起。

4. 到账时间

场内基金买入后 T+1 日可卖，资金卖出即可用。场外基金申购后 T+2 日可赎回，资金最快 T+1 日到账，慢的要五六天。

5. 交易方式和价格形成不一样

场内是按股票交易方式实时进行，根据供求关系，以适时撮合价交易，价格在交易日的不同交易时间是不同的；场外是未知价，以净值为价格进行交易，每天只有一个价。

6. 分红方式

场内购买的分红方式只有现金分红；场外购买的分红方式有现金分红和红利再投。

二 场内基金的投资优势

首先，成本低。场内基金费率低，在这点上肯定比场外基金有成本优势。

其次，套利优势。由于场内基金交易价格受供求关系的影响，始终围绕基金净值上下波动，这样就有机会折溢价套利。

再次，交易效率高。ETF、LOF 的流动性与股票类似，到账快，持仓调整快捷，可实现当日调仓，不像场外基金需要等待一周左右的时间。

最后，操作手法灵活。可长期持有，也可短线操作，所以买入的话既能把握长期市场趋势，还可以适当地进行波段操作。

但是它也有明显的缺点，一是需要手动买入，没办法设置自动定投；二是场内基金的数量比较少，可选择的基金种类少。

三 场外基金优势

首先，对于同时拥有场外份额、场内份额的基金来说，如果场内流动性差的话，反倒不如选择场外基金。

其次，品种多。场内基金目前数量不是特别多，但是场外基金就不同了，有股基、债基、货基、混基等各个类型，场外基金的品种更为丰富，可以满足我们的更多需求。

再次，场外基金可以设置定投、基金转换，比较省心，不需要股票账户也能直接购买；还可以设置自动定投，更加省时省心，不像场内基金一样需要花费精力研究、看盘。

但是相比场内基金，场外基金的缺点也比较明显。一是交易实行 T+2 原则，申赎效率比较慢；二是场外基金的交易费用比场内基金高。

四 场内基金、场外基金，该选择哪种

由上述可知，两类基金都有优缺点，最重要的是，要根据自己

的需求来，如果喜欢短线、波动操作，可以选择场内，如表3－3。

表3－3 场内、场外基金示例

基金代码	基金简称	基金成立日
164906. OF	交银中证海外中国互联网	2015－05－27
164906. SZ	中国互联	2015－05－27

资料来源：Wind。

比如交银中证海外中国互联网基金，这个基金追踪的是中证海外中国互联网指数。两个基金代码一样，但是一个是OF，一个SZ。OF就是场外基金，可以直接通过基金账户申赎，SZ就是深交所的意思（有的后面是SH，就是在上交所挂牌的意思），也就是说这只基金也在深交所挂牌上市，大家可以通过股票账户搜索164906直接下单买，门槛是1手100份起。

一般来说，如果是已经买卖过股票的伙伴们，可以选择场内基金，其投资方法和买卖股票完全相同，很容易上手，而且交易效率高，交易费率也更低。

对于刚进入基金“大门”的新手来说，完全没有操作过投资交易，建议可以从场外基金开始，操作简单、方便、快捷，品种也更为丰富，更加适合入门。

等熟悉了投资步骤后，最好是场内和场外两种方式都掌握，这样就可以根据不同基金的特性，灵活选择投资方式。

第五节

LOF 基金是什么，它可以套利吗

一 什么是 LOF 基金

LOF 基金，英文全称是 Listed Open-Ended Fund，也叫上市型开放式基金，是中国市场的独创。基金发行结束后，投资者可以在一级市场申赎基金，也可以在二级市场交易该基金。

比如华宝标普中国 A 股红利（501069），就是一只 LOF 基金，既可以场外申购，也可以场内买卖、申赎，交易方式比较多样。

要注意的是，LOF 基金中，大多数为指数基金，但并不是全部为指数基金，其中还包括一些主动性开放型基金。

二 LOF 基金的折溢价套利

因为分级基金和 ETF 基金的套利门槛比较高，所以我们主要说下 LOF 的套利方式。它的主要套利方式有两种：溢价套利和折价套利。

溢价套利：二级市场交易价格大于一级市场基金净值，且溢价幅度大于交易费，这时候就可以执行溢价套利策略。

一般申购费1.5% +二级市场0.25% =交易费用1.75%

假如我们以1元净值申购某LOF基金，二级市场价格在1.018元以上时，可进行溢价套利。

折价套利：二级市场交易价格小于一级市场基金净值，且折价幅度大于交易费时，此时便可以执行折价套利策略。

二级市场交易费用0.25% +赎回费用0.5% =0.75%

假如以1.0元在二级市场买入某LOF基金，如果第二天基金净值为1.04元，并进行赎回，那么扣除0.0075元交易费后，获益0.0325元（1.04 -1.0075 =0.0325元），收益率达3.25%。

一般LOF折溢价套利多出现在基金刚上市，或者场内价格异动时。

最后，老娘舅还是想多嘱咐大家一句：投资有风险，套利需谨慎！

第四章

手把手教你“玩赚”指数基金

第一节

不同指数适合不同人群，买之前先来“对号入座”

指数基金大多属于高风险产品，投资者在投资时也需要根据各自特点进行挑选、甄别。

我们这里以三类人为例。

1. 小伟，24 岁，研究生刚毕业

说实话，像小伟这样刚刚毕业，还没有什么经济基础，每个月的收入也不高，这时候理财往往会陷入“有心却无米下锅”的尴尬境地。不过，对于这个年纪的毕业生来说，也正因为资金量不足，对市场的了解也不深。他可以以定投的方式，选择几只比较主流的指数基金进行投资，如沪深 300、中证 500 指数基金。这类指数基金跟踪主流宽基指数，不需要研究复杂的主题指数或者策略指数，而且可以以定投的方式，每月定期投入工资的一部分，既能攒到钱，长期来看也能大概率挣到市场的钱。

2. 张帆，34 岁，某公司部门总监

对于像张帆这个年纪的人来说，已经有了一定的人生阅历和

财富积累，这时候投资除了选择比较常见的宽基指数，也可以适当选择一些主题指数或者商品指数，比如说黄金指数基金、新能源指数、国企改革指数等。

此外，他们也需要通过配置外国资产，来分散资产配置。比如投资美国的标普500指数、纳斯达克100指数、恒生指数，甚至国外市场的一些主题指数。

3. 老王，60岁，退休在家

对于这个年纪的人来说，冒风险是不值当的，这时候最重要的就是保值增值，可以把大部分资产投资于债基或者货币基金，然后拿出一小部分进行指数投资。一般来说，老年人比较保守，学习意愿也不是非常强烈，这时候可以拿出一小部分钱投资主流宽基指数，不用太操心，还能以长期投资为目的，慢慢定投，到牛市止盈。比如沪深300、中证500这样的。

【老娘舅指点迷津】

投资中，如果大家对该买多少权益资产不确定，可以参考一下“80”定律。

所谓“80”定律，就是投资者买权益资产的资金比例不能超过80减去你的年龄。具体就是（80－你的年龄）×100%。假如你刚毕业，22岁，那么你投入到权益资产的比例就是60%左右。如果是60岁的老人，那么投入到权益资产的比例就是20%左右。平时大家不知道到底该买多少的时候，可以参考这个公式。不过，在具体操作中还要结合自己的情况以及风险承受能力。

第二节

看好某一个方向，该如何一步一步选到合适的指数基金

经常有基民跑来问老娘舅，我看好某种风格、行业、主题的基金，该怎么找到合适的指数基金？或者某两只差不多的基金，我该买哪一只？

这个其实也不难，只要遵循一定的步骤，大家都可以一步步筛选出自己想要的基金。

一 确定风格

确定投资风格，就可以缩小选择范围。如你想要大盘蓝筹风格，还是中小盘风格。如果喜欢大盘蓝筹，就可以选择上证 50、中证 100、央视财经 50 这些指数。喜欢中小盘，就可以选择创业板指、中证 500 以及中证 1000 等。然后问自己想要宽基还是主题、行业或者策略指数。想要宽基，那么就选那些主流的宽基指数。想要主题、行业或者策略，就要选择相应的指数。主题指数，就是成份股跨行业但是有一个共同的主题，比如国企改革主

题，里面会有制造、科技公司。行业指数就是成份股属于某一个行业。而策略指数就是那些名字里带有“红利、价值、低波动”等字眼儿的指数基金。

二 选出某一类基金

如何从某一大类中选择一部分拔尖的基金，也是一个难题，因为很多人没有 Wind 这样的数据浏览器。不过，也不是无计可施，可通过三种方法进行选择：一是平时多读一些有价值的公众号，比如理财老娘舅，可以积累很多优质基金名单，然后把这些好基金加入自选，长期监测。二是可以通过一些 APP 选择分类基金。比如天天基金网上就有一个基金主题分类，可以通过这个页面选择一些细分主题基金（见表 4－1）。三是通过搜索关键词检索。比如想要找沪深 300 指数基金，就可以登录天天基金网，搜索“沪深 300”关键词，就可以弹出所有的沪深 300 指数基金（见图 4. 1）。带有“增强”字眼的就是增强型指数基金。带有联接的，就是追踪的相应 ETF。带有分级的那就是分级基金。

表 4－1　基金主题分类示例

券商信托 21. 11%	参股期货 20. 61%	保险 20. 38%	材料行业 18. 29%
券商概念 18. 00%	3D 玻璃 17. 91%	大金融 17. 50%	金融地产 15. 65%
乡村振兴 13. 89%	交运物流 13. 74%	中超概念 13. 72%	海绵城市 13. 66%
猪肉概念 12. 99%	纺织服装 12. 95%	黄金概念 12. 67%	贬值受益 12. 37%

续表

多元金融	通讯行业	皖江区域	贵金属
12.09%	11.76%	11.70%	11.64%
快递概念	风能	影视概念	粤港自贸
11.54%	10.85%	10.32%	9.93%

图 4.1　关键词检索示例

三　选择具体基金

圈定某一范围，接下来就是选择具体基金了。有以下四点需要注意。

1. 基金费率

指数基金的费用主要包括两类，一类是一次性收取的，比如申购费和赎回费，这类费用在买卖基金的时候收取；另一类是每天收取的，包括管理费、托管费和销售服务费，这类费用每天从基金资产当中计提，直接体现在基金净值当中。

虽然指数基金费率差不多，但是具体到不同公司、不同产品还是会有细微差别。在指数基金中 ETF 类基金的费率最低。大家在选择某一只具体指数基金时，可以把跟踪这只指数的所有指数基金的费率看一遍，看看哪家收费最便宜。当然，费率便宜的前提是产品要好，跟踪误差要小。

2. 基金规模

一般对于跟踪同一标的指数的指数基金来说，基金规模越大，跟踪的误差也就越小。这主要是基于两个方面的原因：一方面，指数基金规模越大，遇到大规模申购和赎回时受到的冲击就越小。比方说，某指数基金的基金规模是 8000 万，如果机构投资者要赎回 1000 万的基金份额，这就相当于基金规模的 1/8，在卖出股票的时候必然会产生较大的跟踪误差。但如果基金规模是 10 亿，遇到机构投资者要赎回 1000 万的基金份额时，就只相当于基金规模的 1%，影响明显小了很多。另一方面，规模太小的基金，清盘风险比较大；而规模大的基金，清盘风险就比较小。① 在一些熊市中，基金规模本来就不大，指数基金又无法减仓避

---

① 根据中国基金有关法规，在开放式基金合同生效后的存续期内，若连续 60 日基金资产净值低于 5000 万元，或者连续 60 日基金份额持有人数量达不到 200 人的，则基金管理人在经中国证监会批准后有权宣布该基金终止。

险，就会遭到基金持有人大额赎回，容易被清盘。另外，规模越大，所收的管理费总额也就越高，基金公司可以花更多的钱用来提升基金管理水平。所以，从某种意义上来说，规模大不仅仅是指基金本身，同时也是指基金公司的规模。对于同一类型的指数基金，我们应该尽量挑选大型基金公司旗下的规模大的基金。对于场内基金来说，规模越大，流动性越好，交易效果也更高。如果想要场内交易的基金，优选龙头 ETF，其次为 LOF。

3. 成立日期

对于指数基金来说，经历过长时间市场洗礼的会比较直观反映管理人的管理水平，而且在我国一般最早成立的指数基金都会有规模优势，认知度比较广，投资者习惯购买这些耳熟能详的基金。所以我们选择指数基金的时候，尽量选择那些成立时间久且运营业绩优秀的指数基金。运营时间越久，其年化收益、跟踪误差这些数值的参考价值也就越大。

4. 基金管理人

基金公司也是有规模优势的，如果公司擅长指数基金投资的话，在这方面就会投入大量的人力物力进行指数化投资。比如说华夏、南方、富国这些基金公司，就有比较多的指数化投资产品。

另外，基金经理也要重点考察，虽然指数投资和基金经理关系不大，但是基金经理的实力也会影响到指数基金的投资，特别是一些增强型指数基金，要特别关注基金经理，如基金经理的能力怎么样、从业时间多少年、曾经管理过的基金业绩如何、有没有经历过完整的牛熊市等等。

【老娘舅指点迷津】

看费率的时候，对增强型指数基金要区别对待，这类基金费率相比普通被动指数基金要高一些。选择的时候就要注意多出的费率是否能覆盖超额收益。所以，追踪同一个指数，如果有增强型指数基金且超额比较好，那么同等条件下，可以优先选择增强型指数基金。

第三节

实战教程：手把手教你申赎指数基金

前面说了这么多指数基金的知识，接下来我们就进入实操阶段，手把手教大家申赎指数基金。

一 开通基金账户

如果有基金账户可以直接跳到第二步。如果没有基金账户，可以登录基金官网、微信理财通、蚂蚁财富、天天基金网等第三方平台开通个人基金账户。

以天天基金网为例，现在开通基金账户比较方便，一般填上身份证号码、关联银行卡就可以了，见图4.2。

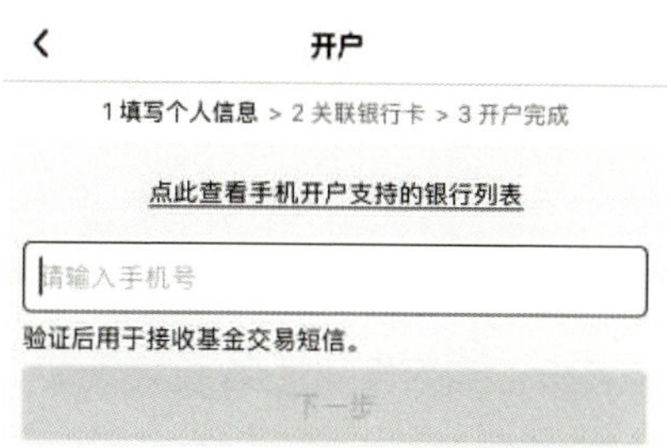

图4.2 基金开户示例

开通之后，会有个风险测评，大家按照自己的实际情况填写即可。需要注意的是，如果测评出来是保守型投资者，只可以购买低风险产品，不可以购买高风险产品。

二　登录账户，开始申购

开通并登录基金账户后，在APP搜索框输入想买的基金的名称或者代码，即可跳转到这只基金的详情页。

以华夏大盘为例，输入华夏大盘或者000011就可以来到华夏大盘天天基金网主页。在主页上，我们可以看到这只基金各时间段的业绩表现，净值走势，以及基金概况等，见图4.3。

图4.3　申购基金示例

三　选择定投、申购

点击左下角的购买、定投（每款 APP 不一样，大家根据软件具体界面做选择即可），想要购买就点击购买，输入申购金额，工作日 15：00 前提交，T+1 日即可确认，见图 4.4。

图 4.4　申购示例

如果想省事，那么可以选择定投，手动输入定投金额、定投周期及时间，提交即可。以后就会按照这个节奏定时从银行卡扣款。

十几年前大家买基金还要去银行柜台，有的时候遇到爆款基金还要排长队。现在随着手机互联网的普及，大家足不出户，通过 APP 就可以一键下单，真的是方便、省心、省事。

第四节

更高效的买卖指数基金，先来开个场内账户

说完了场外申赎，接着说场内交易。场内交易有以下几个步骤。

一 开通股票账户

现在开户只需要下载一个券商或者交易软件的APP就可以。以湘财证券为例，进入湘财百宝湘APP，首页上有“极速开户”四个字，点进去就可以快速开户。输入手机号码，实名认证（身份证号码、关联银行卡）就可以了，一般5分钟就可以搞定，见图4.5。

图4.5 场内交易开户示例

二 登录账户、开始买卖

开完户后，就可以登录账户交易了。相比普通场外基金，场内基金只能在交易时间内买卖（周一至周五 9:30 ~ 11:30，13:00 ~ 15:00）。

接下来搜索框内输入基金代码，比如输入“510050”就可以找到华夏上证 50ETF，点击下方的“买”，就可以买入。买入门槛是 1 手 100 份起，比如上证 50ETF 场内价格是 2.620 元，那么一手价格就是 262 元，见图 4.6。

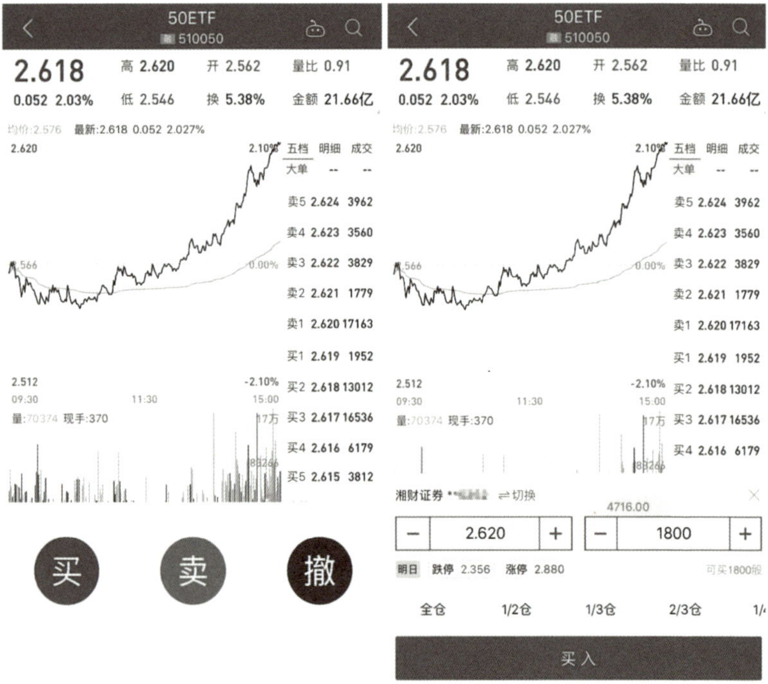

图 4.6 基金买入示例

除了买卖，场内还可以申赎。T+1 日确认，T+2 日份额可用。一般手机 APP 不支持，大家要前往交易软件 PC 端操作。

比如华宝香港本地基金（见图 4.7），在“基金”菜单栏下的“交易所基金”里找到“深证 LOF 申赎”，然后点击子菜单下的“基金申购”，在右侧输入香港本地代码 162416，再填写申购金额就可以了。

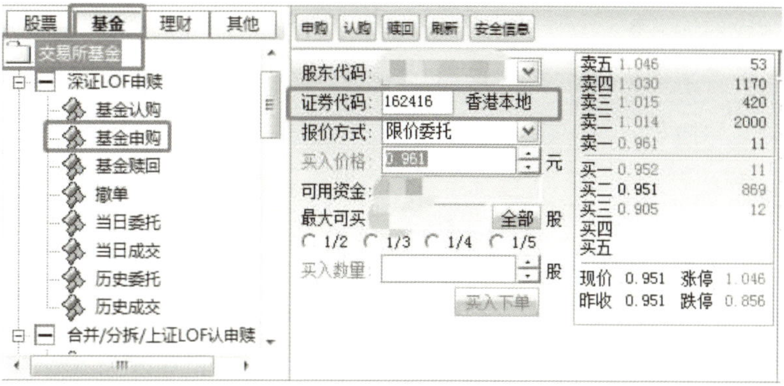

图 4.7　基金申购示例

掌握了场内交易方法，就掌握了一种更快速的投资基金的方法。对于很多基民来说，这种交易方式比较快捷，且费率低。但是这种便利对于一些“小白”也是弊端，正因为买卖效率高、交易便捷，所以很多人管不住手，容易频繁买入卖出，最后不但没赚钱，反倒赔进去不少本金。

如果自己不是很专业，自控能力差，老娘舅建议大家还是选择场外定投。如果你经过市场锤炼，经验颇为丰富，也希望通过场内基金提高交易效率，赚取波动收益，那么场内就是适合你的投资方式。

第五节 如何构建适合自己的指数基金组合

配置多个指数基金的目的，是为了分散风险，但也并不意味着越多越好。在指数基金搭配过程中也有一些注意事项。

一 降低组合内各标的的相关性

组合内的指数基金，看看是不是投资于同一个主题、同一种风格，甚至成份股雷同性很高的，要挑选那些不同主题、不同风格、不同地方的指数进行投资，才能达到分散投资风险的目的。

比如说上证 50 和中证 100 这两个指数的成份股相似度就比较高，都属于蓝筹风格指数，没必要两只都买。再比如说沪深 300 和中证 500 两个指数，一个是沪深市场前 300 名的个股，一个是 301～800 名的个股，没有交叉，就比较适合做组合配置。还比如说 A 股和美股，这两个市场相关性较低，就可以做分散配置，一个市场上赔钱了，也不意味着另一个市场也是赔钱的。

二 大、中、小盘结合

市场风格轮动比较快，为了跟上市场节奏，就有必要对不同风格的基金进行组合配置，比如大、中、小盘指数。如 2017 年的“二八”行情，如果全部买了中小盘股，损失会很惨重，但是如果配置了一部分大盘风格的蓝筹基金，那么就会有部分资金跟上市场节奏，获得一部分收益回报。

一般我们常见的大盘风格指数就是上证 50、中证 100、沪深 300、央视财经 50 等，成份股大部分为大盘蓝筹股。中小盘风格指数为中证 500 指数、创业板指、中小板指、中证 1000 等。

三 配置海外市场指数

我们知道 A 股市场有牛熊转变，而世界上有很多投资市场，比如港股市场、美股市场、欧洲市场等。有些市场之间又是低相关性，比如说美股、A 股，过去 8 年美股刷新长牛记录，而 A 股在经历过 2015 年的牛市后，估值重回低估状态。

所以，我们在买 A 股指数基金的时候，为了分散风险，也可以配置部分美股、港股或其他市场指数进行分散配置，以享受多个市场上涨的红利。

四 宽基、窄基相搭配

指数投资不止上证 50、沪深 300 这些，除了这些宽基指数，我们也可以进阶一下，搭配一些窄基指数。

我们常常会看到某一个行业会快速发展崛起，连带着相关股票也会水涨船高，如果能够提前埋伏，也能获得不俗收益。比如说互联网指数、医疗指数等。

关于窄基指数，因为和行业、主题相关，比较适合高手投资。选择这类基金，不要为了逞能或者追热点而投资，一定要对相关行业有一定了解，比如，我对新能源车比较感兴趣，有一些了解，所以我会投资新能源车的指数基金。

不过，在选择行业或主题指数时，应该尽量选择估值低、盈利能力好、符合市场风格的行业或主题。太冷门的行业、不了解的行业最好不要碰，而且在投资的时候行业不要太多，2～3个最多。

【老娘舅指点迷津】

选择指数基金的时候，一般5只左右就可以了。过度分散会影响你的管理效率。而且，产品过多，在平摊了整体的收益水平的同时，也降低了利润空间，起到反效果。所以在具体选择的时候，要注意合理搭配，降低组合标的之间的相关性。

第六节

为什么指数基金会有跟踪误差，该怎么看

指数基金的跟踪误差，指的是指数基金的收益率与标的指数收益率之间的偏差。跟踪误差越大，说明基金的净值收益率与标的指数收益率之间的差异越大；跟踪误差越小，表示基金经理的管理能力越强。通常，指数基金的跟踪误差被我们用来当作挑选指数基金的一个重要标准。

那么，产生跟踪误差的原因是什么？

第一，基金的投资成本。交易所编制指数是不考虑这些的，但是具体到基金投资就要把这些考虑在内。基金买卖股票有交易成本，基金自身运营也要收管理费、托管费等，这些都会导致基金收益率偏离标的指数。

第二，投资者申购、赎回引起仓位变化。基民买卖基金难免来来回回申购和赎回，特别是出现大比例的申购或赎回时，指数基金也必须大规模地买入或卖出股票，在交易过程当中，也会产生误差。

大额申购，会摊薄第二天的基金净值；大额赎回，可能会造

成次日净值暴涨。而且在大额申赎过程中，基金经理的调仓都会晚一步，这些都会影响指数基金的跟踪误差。

第三，标的指数调整、停牌、交易受限等。

指数大多每半年会调整一次成份股，指数调整后基金也需要相应调整投资组合，在交易的过程当中，难免会产生误差。

当标的指数调整成份股构成，或成份股公司发生配股、增发等，都会导致成份股在指数中的权重变化。基金无法及时调整投资组合或承担冲击成本，也会导致跟踪偏离度和跟踪误差扩大。

还有指数停牌，一般来说，重仓股停牌对指数基金跟踪偏差的影响会更大一些。

第四，基金现金留存。

我们知道，权益基金在运营中都会拿出一部分现金仓位，用于应付日常申赎。一般来说，ETF 基金在这方面占有优势，因为它是采取实物申赎方式运作，所以组合中的留存现金一般比较低。当然还有其他一些影响因素，比如管理人管理水平、指数成份股流动性不足以及派发红利等原因。

要注意一点，跟踪误差可以拿来衡量被动型指数基金，不能拿来衡量增强型指数基金。因为增强型指数基金追求的就是持续跑赢指数，对于这类有增强策略的增强型指数基金，跟踪误差就不是越小越好而是越大越好了。

对于纯指数基金来说，我们自然要选择跟踪误差小的指数基金，特别是在追踪同一个指数的所有指数基金中，我们要选择跟踪误差最小的那个。而对于增强型指数基金来说，我们要选择收益超越指数最多的那只基金。

【老娘舅指点迷津】

对于指数基金跟踪误差，要特别注意一种情况，那就是牛熊市成立的指数基金。

一般来说，牛市阶段成立的指数基金，在那个时期内会跑输基准比较多。因为新基金建仓一般需要3~6个月，基金经理在缓慢建仓中会跟不上牛市的节奏，从而跑输基准和指数。相反，在熊市阶段成立的指数基金，也因为建仓比较缓慢，所以一般会跑赢基准和指数。

比如“华宝香港中小”这只基金，截至2017年底，这只基金跑输指数6.44%（见表4-1）。为什么？这不是基金管理人的问题，而是基金成立时间的问题。这只基金成立于2016年中，看指数K线图你就会发现，那段时期港股正处于单边上涨阶段，基金业绩没跟上指数，不过这并不影响我们选择这只基金。

表4-1 “华宝香港中小”成立以来的收益情况

基金代码	基金简称	区间净值超越基准收益率（%）	成立以来收益（%）	基金成立日
501021.OF	华宝香港上市中国中小盘A	-6.44	42.46	2016-06-24

资料来源：Wind，截至2017年底。

第七节

怎样买到便宜的指数基金，了解 PE、PB

怎么买，怎么卖，这是投资中的两大难题。很多基民都想要一个标准，能让他们知道什么时候可以买了，什么时候可以止盈卖出。下面老娘舅就介绍两个用得比较广的指标——PE、PB。

很多买基金的人认为 PE、PB 这些估值指标是买股票的人才会看的指标，这么想就错啦！一只股票有估值，一个指数集合了多只股票，肯定也会有估值指标。估值也是判断指数是否值得投资的重要标准。不管买什么指数基金，都应该尽量选择低估的。一方面，低估值代表更高的安全边际；另一方面，当指数极度低估时，市场资金会买入，长期来看估值会逐渐回归到合理水平。这个估值指标有很多，如 PE、PB、ROE、股息率等。其中，有两个用得比较多的估值指标——PE（市盈率）、PB（市净率）。

一 市盈率

PE = P/E，指的是股价/每股盈利或者公司市值/公司盈利。它考察的是企业的盈利能力，有两个理解思路，一个是为了获取

1 元钱的利润你愿意付出多少钱，如果 PE 是 10 倍，那么为了挣这 1 元钱需付出 10 元，这就是每付出 10 元可分享 1 元的盈利；还有一个理解思路，我们投资收回成本需要的时间，如果 PE 是 10 倍，那么收回成本的时间就是 10 年。

理想情况下，市盈率越低，意味着投资者可以以较低价格买入相应资产，以较少的资金获得相对较多的盈利，在较短时间内收回成本。

不过理想是静止的，现实是动态的。因为市盈率的变化取决于盈利和股价的变化。股价是动态变化的，盈利是已知的，所以用这一指标有一定的滞后性。

使用市盈率要注意哪些地方？

首先，看成份股是蓝筹股还是成长股。蓝筹股一般都是市值较大的公司，流通性也会比较好，盈利稳定，这样的指数市盈率一般会比较低，比如上证 50 市盈率 11 倍左右。而创业板公司一般成长空间比较大，这样的公司比较容易获得高估值，PE 比例也比较高，就像创业板最高的时候有人戏称这不是市盈率而是“市梦率”。

其次，每个行业的市盈率不同，我们看的时候要区别对待。不要把两个不同行业的指数拿来对比，衡量一个指数的估值可以拉长年限，纵向比较该指数历史上的 PE 水平，低于平均值就可以逐步买入，在平均值范围内持有，高出平均值范围逐步卖出。

最后，周期性行业，如钢铁、煤炭、汽车等行业盈利受经济影响波动很大，市盈率波动也很大，并不适用市盈率来估值。而那些抗周期行业，比如消费类、医药类，盈利比较稳定，可以用市盈率来衡量。

二 市净率

PB = 每股股价/每股净资产或者公司市值/公司净资产。净资产 = 资产 - 负债。如果公司经营业绩比较好，那么公司资产增值很快，而归属股东的权益也多，这样，公式里的分母在变大，也就意味着 PB 变小。

相比市盈率，市净率的优点是波动小，因为净资产的波动不会像盈利那么大。

使用市净率要注意哪些地方？

首先，理想情况下，市净率较低的指数，投资价值较高；反之，投资价值较低。对于单个指数来说，我们要做的就是等待该指数市净率处于平均较低状态，买入即可。

其次，市净率这个指标对短线操作意义不大，比较适合长期投资者使用。

最后，如果净资产价格不稳，那么市净率也就失效了。一般指数在计算净资产的时候，采取的方法是各成份股净资产按照权重比例相加，避免个别公司净资产不稳对指数市净率造成过大影响。

【老娘舅指点迷津】

大家在考察某一个指数时，更多地从过往历史 PE、PB 中考察一只指数到底该买还是卖？比如沪深 300 指数，我们就可以取这个指数过去某一个周期的估值曲线。

如图4.8，截至2018年底，沪深300指数的PE为10.23倍，反映在趋势图上，正好位于机会值附近，意味着可以买入。如果有一天指数突然越过了危险值那条，大家买的时候就要慎重了。

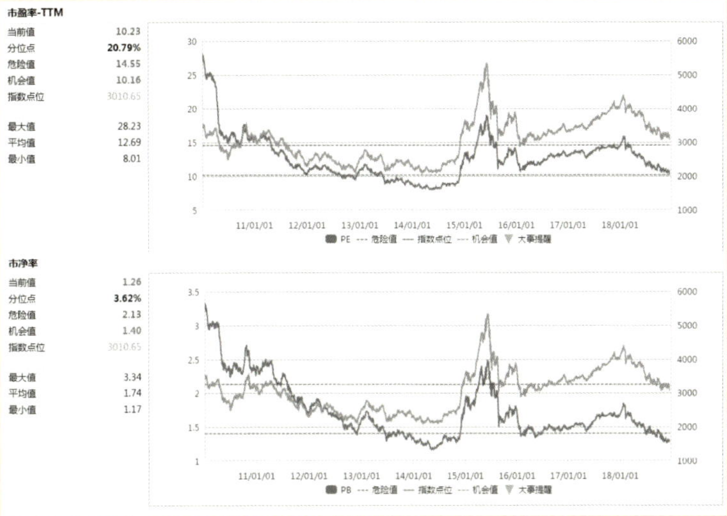

图4.8　沪深300指数2010年初至2018年底的PE和PB

资料来源：Wind。

第八节

除了 PE、PB，还有哪些买卖参考指标

除了 PE、PB，是不是就没别的参考指标了？当然不是，除了这两个，还有很多，有些甚至可以直接感知到。

一 基金发行规模

当市场疯狂上涨、处于牛市阶段，很多人闻风入市申购大量基金份额。而当市场下跌时，大多数人往往熬不住选择赎回基金。体现在基金发行规模上，一般牛市阶段，新基金发行数量会剧增，发行规模也会大幅增加。而在熊市或者震荡市，新基金发行数量会减少，发行规模也会减少很多。

二 破净股数量

市场上破净个股数量增加，意味着市场整体估值下行，多数情况下会被当成市场底部的一个标志，有的甚至可以成为新一轮牛市的起点。2018 年底市场大幅下跌，两市破净股数量 400 只左右，破净股数量较往年多了很多。对于基民来说，这就是定投信

号。市场越是跌的时候，越要坚持定投。

三　市场情绪

这个说简单点，就是看周围人谈股市的多不多。如果有一天发现周围不懂理财的朋友都开始谈论股市的时候，那可能就是要离场的日子了。

说复杂点，市场氛围还可以通过活跃股民数量、新增股民数量来判断。当活跃股民数量降到历史较低水平，新增股民数也降至冰点，市场人气冷冷清清，这时候市场会陷入低迷状态。

四　市场风格

市场风格是轮动的，我们选择指数的时候要知道当下市场是什么风格。选基金也要契合当下市场风格，或者埋伏未来有可能起来的一些指数。比如近年来，市场以蓝筹风格为主，白马股表现更胜一筹，这时候我们就要多关注白马指数。但另一方面也要看到，中证500、创业板指这些指数估值已经很低，此时入场成本比较低。未来随着市场风格轮动，也会有红红火火的一天。

当然，上述四点，总结为一点，就是要在指数“冷冷清清”的时候入场，在众人到来“热热闹闹”的时候及时离场。这就是比较朴素的指数基金择时。

第九节

投资指数两大“法宝”——博格公式和盈利率收益法

博格公式和盈利率收益法是两种比较高阶的估值方法。

一 什么是盈利收益率

盈利收益率大家可能比较陌生，但是说起市盈率，就比较熟悉了。盈利收益率就是市盈率的倒数。在格雷厄姆的“价值投资五法”中，第一个就是盈利回报率，盈利收益率法也由此演化而来。

盈利收益率即 E/P，是市盈率的倒数（1/PE），假设市盈率额为 8，那么盈利收益率则为 1/8 = 12.5%。这个指标意味着如果把一家公司买下来，这家公司一年的盈利能够带来的收益率是多少。盈利收益率越高，买这家企业就越划算，相当于估值越低。

二 格雷厄姆是如何利用盈利收益率法的

1. 从买入指标来看

一是盈利收益率要大于 10%。根据各个国家的股市历史数据，绝大多数股市在熊市最低估时，市盈率基本都处于10以下。也就是说，盈利收益率在10%以上，可以考虑投入。

二是盈利收益率要在国债利率的2倍以上（无风险收益率一般用10年期国债收益率来代替）。格雷厄姆的“价值投资五法”提到，盈利回报率应当在无风险收益率的2倍以上，股票才有买入价值。在国内，相当于盈利收益率在10年期国债收益2倍以上的产品，才有投资价值。我国的10年期国债收益率在4%左右，无风险收益率的2倍就是8%，所以，买点的两个条件可以合二为一，即只要盈利收益率大于10%就可以买入。

综合起来，盈利收益率8%以上时，是可以考虑的投资机会；大于10%时，是不错的投资机会。

2. 从卖出指标来看

卖点是盈利收益率小于6.4%（债券平均收益率）的时候。也就是说，如果投资回报还不及债券，则不如持有安全性更高的债券。

综合来看，当我们把盈利收益率用作指数基金定投的筛选策略时：

（1）盈利收益率大于10%时，是不错的定投机会。

（2）盈利收益率小于10%大于6.4%（目前）时，可以暂停定投，持有已投份额。

（3）盈利收益率小于6.4%（目前）时，可以考虑分批卖出基金。

【特别提醒】

盈利收益率是估值指标，是市盈率的倒数，与定投基金所获得的实际收益率是不一样的概念，千万别弄混了！

三 指数基金估值方法之博格公式法

1. 什么是博格公式法

博格公式来源于约翰·博格尔（John Bogle）的书《投资稳赚：向世界最大基金创始人学稳赚不赔的常识》。在这本书中，约翰·博格通过考察美国股市和美国企业在整个20世纪的表现，发现以下几点：

- 整个20世纪，美国股票总体年均回报率为9.6%。
- 整个20世纪，美国企业年均股息收益率为4.5%。
- 整个20世纪，美国企业年均盈利增长率为5%。

因此，美国股票市场总体年均回报率9.6% = 企业年均股息收益率4.5% + 企业年均盈利增长率5% + 市盈率变动带来的0.1%。

在此基础上，约翰·博格尔提出了指数基金的收益公式：指数基金未来的年复合收益率 = 投资初期股息率 + 投资期间市盈率变化率 + 投资期间每年盈利变化率。

影响指数基金年复合收益率的因素有三个：股息率、市盈率、盈利。

2. 博格公式的使用

用博格公式法投资指数，其实就是研究影响指数收益的三大因素。

一是股息率。因为初始投资时的股息率在买入指数基金时就确定了，指数基金越被低估，股息率就会越高，所以我们一般会选取股息率相对较高的时候买入。

二是市盈率的变化。买入时的市盈率，跟买入时的股息率一样，在买入时就确定了，但未来如何变化无法得知，不过可以通过规律来寻找经验。这时候就用到历史百分位法，去判断指数估值所处位置，在低位（一般为历史百分位 30% 以下）买入的话，未来大概率会上涨从而带来正收益。

三是盈利增长率。投资期间公司平均盈利变化也是一个不确定因素，经济景气的时候增速较快，经济不景气时就会放缓，所以盈利增速也是不好预测的。当国家宏观经济长期向好发展时，长期来看，指数一般是会上涨的。所以这里就是强调，买入前景看好的指数以后长期持有，耐心等待。

第十节 学习止盈与止损，让指数投资成为一件“赚钱”的事儿

如果达到一定的盈利条件，是可以及时卖掉、落袋为安的，钱拿到手里才是自己的。

一 止盈点定多少比较合适呢

首先，要看产品特性。指数基金一般是高风险的品种，这类基金高风险的同时也意味着高收益。给这些基金设置止盈点时可以高一点，比如20%及以上。

其次，看本金多少。如果自己手里的本金比较小，灵活性比较高，这时候就应该把获利目标定高一点。当然，要是资金量很大，投资难度也会比较大，这时候也要相应地调低投资目标。

再次，看市场环境。如果买基金的时候是熊市或者震荡市，后期上涨的空间会比较大，可以定得高一点。相反，如果是被牛市气氛吸引进来的，最好不要太留恋市场，调低目标，达到止盈点就果断撤离。

二 常见的止盈方法

一是目标收益率止盈法，也就是一次性止盈。一旦达到自己心理止盈位，就不再留恋了，果断赎回。比如自己的目标是20%，账户盈利已经达到20%，这时候就可以果断离场。如果觉得后市还有机会，可以重新开始定投。

二是看市场情绪分批止盈。很多基民都希望“买在最低点，卖在最高点”，但是往往可望而不可得。不要想着赚到市场最后一个铜板，也不要奢求卖在最高点，要学会分批止盈。这个可以用在牛市中，这时候大家的投资情绪高涨，让你撤离又不甘心，这时候就可以用分批止盈的办法。

三是估值止盈法。这个就是专门给指数基金用的，假如指数估值此时已经接近历史高点，接下来市场很有可能会由牛转熊，这时候就可以考虑止盈了。

三 基金止损

相比于止盈，一般是不太推荐大家止损的，因为很多基金下跌是因为市场原因，过一段时间还会涨回去。与之相反，在这种情况下，基民还要相应的加大仓位设置，在底部积累更多的廉价基金筹码。

不过，这也不是说真的就不要止损了，在一些特殊情况下，还是需要对自己投资逻辑的错误予以纠正，狠下心来止损的。

比如基金面临清盘风险，有时候市场持续下跌，很多投资者会把基金份额赎回来，有容易出现 mini 基金的局面，面临清盘风险。如果碰到这种非常 mini 的基金，且业绩又不好，那就可以果断止损了。

这也告诉我们，买指数基金的时候要注意三点：

一是买指数基金一定要精挑细选，选择跟踪效果好、增强效果好的基金进行投资，特别是那些规模比较大、跟踪效果好、流动性优的基金。这样不仅基金管理效果有保障，而且一般不会有清盘风险。

二是建立良好心态。指数基金波动比较大，如果没有树立一个良好的心态，很容易被波动的市场折腾到崩溃，特别是熊市阶段。

三是采取定投，不要市场一跌就分分钟崩溃，投资本来就不是一两天、几个月的事儿，定投基金前做好定投几年的心理准备，等到牛市再止盈。

第五章

指数基金投资秘籍

第一节

投资指数基金，哪些数据要关注

通过各种渠道查询了很多数据，那么到底要关注哪些数据？哪些数据对我们投资是有用的？

一 指数编制方式

在中证指数官网，我们可以看到指数的编制方案、指数单张等（见图5.1）。这里面，大家可以重点看一下编制方案和指数单张（一般每月更新一次）。

图5.1 指数编制方式示例

而在指数编制方案中，可以重点了解指数的选样方法、加权方式、调仓信息等。选样方法，可以知道自己买的指数主要是哪些股票。加权方式，可以知道这个指数的成份股是以何种方式呈现的。调仓信息，可以得知指数调仓频率和成份股进出对象（见图 5.2）。

图 5.2　指数编制方案详解示例

二　指数估值

PE、PB 是很多投资者判断指数高估、低估的重要参考数据，所以指数估值也是要重点看的。

Wind 上关于指数的估值信息（如图 5.3）。

图 5.3　指数估值信息示例

中证指数官网上的估值信息比较全面，可以一次查看多个指数的估值，见表 5 - 1。

表 5 - 1　　指数估值示例　　单位：%

指数简称	静态市盈率	滚动市盈率	市净率	股息率	去年底静态市盈率	去年底滚动市盈率	去年底市净率
上证指数	13.29	12.02	1.34	2.50	17.97	16.07	1.73
上证 180	11.52	10.54	1.22	3.01	14.56	13.30	1.49
上证 50	10.75	9.80	1.16	3.24	13.00	11.75	1.33
沪深 300	12.67	11.51	1.36	2.70	16.61	15.18	1.73
深证成指	18.67	16.48	2.06	1.49	30.17	27.08	3.06
深证 100R	17.23	15.48	2.16	1.69	25.37	23.87	3.08
中小板指	22.74	20.24	2.85	1.25	38.65	34.16	4.30
上证 380	17.54	15.77	1.78	1.95	29.52	24.59	2.57
红利指数	8.31	7.69	0.97	4.34	9.43	8.93	1.13
中证红利	8.84	8.18	1.05	3.96	10.57	9.96	1.25
中证 500	19.07	17.14	1.64	1.38	34.06	27.70	2.48

三　前十大重仓股

可以看看前十大重仓股的权重比、总市值等。

表 5 - 2 为沪深 300 指数的前十大重仓股，可以看到其总占比 25.7%，而且集中在金融、地产以及消费行业。

表 5 - 2　　前十大重仓股

代码	简称	行业	权重
601318	中国平安	金融地产	7.29
600036	招商银行	金融地产	3.12
600519	贵州茅台	主要消费	3.01
601166	兴业银行	金融地产	2.04

续表

代码	简称	行业	权重
000651	格力电器	可选消费	1.93
000333	美的集团	可选消费	1.89
600016	民生银行	金融地产	1.81
601328	交通银行	金融地产	1.64
600276	恒瑞医药	医药卫生	1.49
601288	农业银行	金融地产	1.48

四 指数历史走势

通过观察指数历史走势（见图5.4），可以知道这个指数的周期性——在哪些时间段表现很好、哪些时间段表现不佳，从而给我们未来投资提供数据参考。

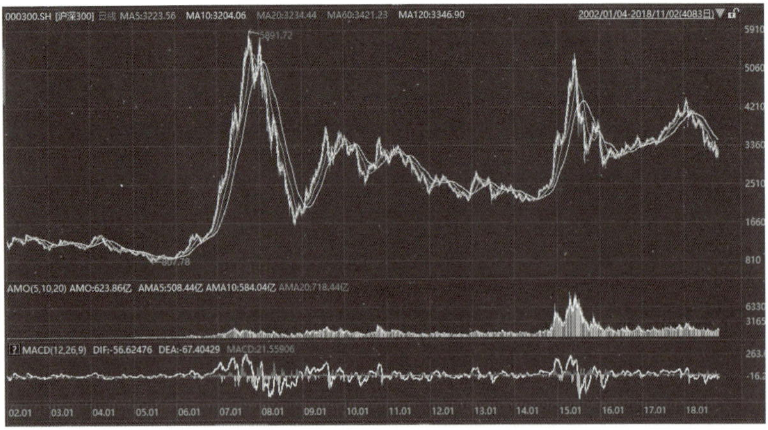

图5.4 指数历史走势

第二节

到哪里寻找指数估值数据

买了指数基金，并不意味着就完事了，还有很多数据需要基民持续保持关注。

一 指数官网

了解指数编制信息、加权方式、成份股信息等，都可以前往指数编制公司网站上查询。比如，中证系列指数可以登录中证指数官网网址（http：//www. csindex. com. cn/）查询。

进入之后查询方式为：点击“每日板块信息”，跳转网页。

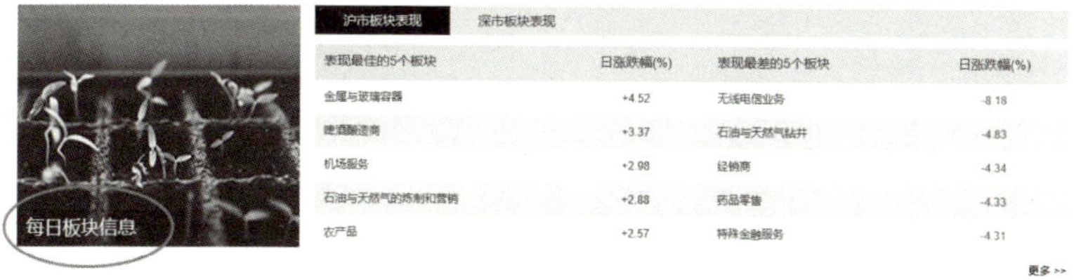

表现最佳的5个板块	日涨跌幅(%)	表现最差的5个板块	日涨跌幅(%)
金属与玻璃容器	+4.52	无线电信业务	-8.18
啤酒酿造商	+3.37	石油与天然气钻井	-4.83
机场服务	+2.98	经销商	-4.34
石油与天然气的炼制和营销	+2.88	药品零售	-4.33
农产品	+2.57	特殊金融服务	-4.31

图 5.5　指数官网示例

进入之后，点击“指数估值”就能够看到这些常见指数的市盈率、市净率、股息率等估值信息，非常详细。

还有一种方法，直接搜索你想要查询的指数基金。比如“中证养老”。搜索出来以后在资料下载里面自行下载指数行情 Excel 表格。

二 金融终端

大家平时用得比较多的金融终端，比如东方财富、Wind、同花顺，这些网站上也可以查询到很多指数的估值数据。甚至在 Wind 上还可以查询到成分行业分布、历史行情统计、分红数据、波动率等。

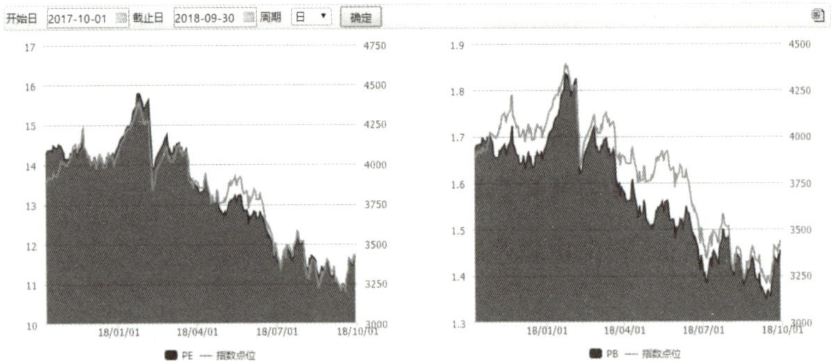

图 5.6　金融终端上指数的估值数据示例

三 一些第三方平台

有些第三方平台也可以查询，比如雪球、集思录会提供指数估值信息。通过且慢、理杏仁等网站可以直接查询。而有些公众号也可以接收到每日各大主流指数的估值信息，比如且慢。

第三节

分不清楚 A 类、C 类，我要买哪个

买基金的时候，很多投资者会发现，有些指数基金不仅有 A 份额，还会多出一个 C 份额。同样一个基金，为何要分出 A、C 份额？这两个份额有什么区别？投资起来需要注意哪些？

一 A、C 份额的区别

说白了，指数基金的 A、C 份额都是同一只基金的两个份额，分开计算净值，合并运作管理，只是这两个基金的费率不一样。

A 类份额，在申购时扣除申购费用，一般持有一段时间后就不收取赎回费。这个时间一般是 1 年左右。

C 类份额，在申购时不收取申购费，但是收取销售服务费，费率一般 0.4% 左右，按日计提。一般持有 7 天以上或者一月以上就不收取赎回费。

二 该买 A 还是 C

A、C 份额主要区别就是费率，所以在指数投资中，主要体

现在持有时间长短上。

假设一只指数基金 A 份额申购费 1%，通过基金官网购买打 6 折（一般申购费都会有一定折扣），持有期不超过三个月，支付 0.5% 的赎回费，持有期 1 年及以上，则赎回费为 0。C 类份额免申赎费（持有 7 天以上，赎回费为 0），销售服务费为 0.3%。可以分别算出持有一月、一年和两年的费用情况。

持有一月：

如果投资 10 万元购买这只指数基金，持有期一个月，购买不同基金份额的费用如下：

A 份额费率 = 申购费 + 赎回费 = 0.6% + 0.5% = 1.1%

C 份额费率 = 销售服务费（一个月） = 0.3%/12 = 0.025%

持有一年：

A 份额费率 = 申购费 + 赎回费 = 0.6% + 0 = 0.6%

C 份额费率 = 0.3%

持有两年：

A 份额费率 = 申购费 + 赎回费 = 0.6% + 0 = 0.6%

C 份额费率 = 0.3% × 2 = 0.6%

时间再长点，C 份额持有费率就会高于 A 份额。可见，短期持有买 C 份额，长期投资选 A 份额。这个临界点一般是 1 ~ 2 年。具体可根据具体基金计算。

第四节

指数基金＋定投，真的是一对黄金搭档吗

我们常说，指数基金和定投是一对完美拍档。指数基金波动比较大，而定投的初衷是为了分散风险，平缓市场波动，给不熟悉市场的基民一个能追上市场甚至跑赢市场的选择。

一 平滑市场风险

基金定投属于一点一滴投入，分批买入，目的就是规避择时难题，平摊买入成本，长期投入取得不错收益表现。而市场短期涨跌是难以预测的，对于很多基民来说，投资指数基金也是如此，不知道该怎么买、什么时候买。定投就给投资指数基金的基民提供了一个能稳定持续投入的投资方式，这种方式虽然比较机械——定期定额投入，但是可以减少市场涨跌对投资者情绪的干扰，避开择时难题，不用过于担心市场波动。

二 确定性高于主动性基金

前面我们举过约翰·伯格研究的例子：1970 年美国共有

335 只共同基金，到 2005 年 223 只基金倒闭清算，消亡比例近 2/3，只有 3 只基金能够持续保持超越指数 2 个百分点以上的年收益率，仅占 0.8%，这意味着 36 年间 99% 的基金都输给了指数。

而反观我国，冠军主动基每年都会改换名头，能够长达几年甚至数十年保持领先优势的主动性基金并不是很多，持续性不够。长期来看，能够持续战胜市场的基金其实并不多。其中一个重要的原因，就是主动基金进出比较频繁，受人主观影响比较大。而指数型基金跟随市场波动，不受个人主观因素影响，只要经济是发展的，市场指数长期趋势就是向上的。

所以从这点上看，与其追寻不确定的 α 收益，倒不如确定性高的 β 收益来得更容易。

三　运作透明，费率低

指数型基金以追踪标的指数为目标，指数成份股调整，它也跟着调整，运作比较透明，不用等到运作报告，就能知道各大成份股的表现等，投资起来很透明。对于很多投资“小白”来说，这样的好处就是不用花太多心思在研究基金经理以及基金风格上。而且相比其他主动性基金，指数基金运作费率比较低，久而久之，也能为基民省下一笔钱。

四　挑选方便，操作简单

指数基金挑选比较简单，不用过于关注基金经理，可以直接比较跟踪误差、费率、规模因素，这些基本上都是可量化比较的，对于基民来说挑选基金就相对简单很多。

另一方面，购买指数基金，有估值、市场情绪等多种指标可以参考，低估买入、高估卖出，对于基民来说，操作简单。

第五节

省钱的指数基金，其实可以更省钱

本来指数基金的费率低于普通权益类基金，如果能再省点钱，那就能更省钱了。老娘舅就发现一些省钱的小秘诀，大家平时买基金时可以多注意。

一　选择同类基金中费率低的

指数基金特别是对很多主流宽基指数来说，会有很多基金公司推出产品，不同公司推出的产品的费率也是不同的，见表5-3。

表5-3　基金产品费率概况

基金代码	基金简称	成立年限（年）	管理费率（%）	成立以来年化回报（%）	基金规模（亿元）
510300.OF	华泰柏瑞沪深300ETF	6.79	0.50	3.34	333.00
510330.OF	华夏沪深300ETF	6.15	0.50	5.82	228.11
159919.OF	嘉实沪深300ETF	6.79	0.50	3.76	187.44
160706.OF	嘉实沪深300ETF联接（LOF）A	13.48	0.50	9.45	168.82
160724.OF	嘉实沪深300ETF联接（LOF）C	0.53	0.50	-23.64	168.82

续表

基金代码	基金简称	成立年限（年）	管理费率（%）	成立以来年化回报（%）	基金规模（亿元）
000051. OF	华夏沪深 300ETF 联接 A	9. 61	0. 50	0. 07	129. 23
005658. OF	华夏沪深 300ETF 联接 C	1. 04	0. 50	-29. 10	129. 23
000311. OF	景顺长城沪深 300 增强	5. 31	1. 00	13. 23	74. 86
100038. OF	富国沪深 300 增强	9. 18	1. 00	4. 75	58. 83
050002. OF	博时裕富沪深 300A	15. 49	0. 98	8. 94	56. 85
960022. OF	博时裕富沪深 300R	3. 06	0. 98	0. 57	56. 85
002385. OF	博时裕富沪深 300C	3. 06	0. 98	6. 27	56. 85
510310. OF	易方达沪深 300ETF	5. 96	0. 20	4. 71	49. 55
110020. OF	易方达沪深 300ETF 联接	9. 48	0. 20	0. 51	48. 58
510390. OF	平安沪深 300ETF	1. 15	0. 50	-26. 25	42. 98
481009. OF	工银瑞信沪深 300A	9. 96	0. 50	3. 19	36. 28

资料来源：Wind，截至 2018 年底。

如表中沪深 300 指数基金，我们可以看到有的管理费在 1% 左右（不过一般增强型指数的管理费会高一点，这个大家在买基金的时候注意甄别），比较低的管理费低至 0. 2% 。

一般来说，增强型指数基金 > 被动型指数基金 > ETF 基金。大家买的时候，在业绩和规模的基础上，可以尽量挑选那些费率更低的。更低的费率也意味着更低的投资成本，意味着更好的追踪效果。

二 选择场内基金

如果比较倾向短线交易，那么可以开个证券账户，通过场内进行交易，场内基金和股票一样收取一定的佣金，一般是万分之几的费率。特别是一些 ETF，场外门槛太高，如果要投资，只能通过场内渠道购买。

三 选择 C 份额

如果该指数基金有 A、C 份额，那么可以根据自己的交易习惯做选择。平时短线交易比较多，可以选择 C 份额。相比 A 份额，C 份额不收取申赎费，仅收取一定的销售服务费，短期持有比较省手续费。

四 促销活动比日常申购更便宜

有时候，基金公司或者第三方销售平台会推出很多促销活动，主要是申购费，很多会打 6 折，有的还会打 1 折，甚至有的基金公司通过旗下货币基金买入旗下指数基金，免申购费。大家可以挑选那些折扣比较大的指数基金进行定投。

第六节

这几个指数基金投资误区，你可能也犯过

虽然指数基金运作透明、投资简单，但也不意味着指数基金人人买了都会赚钱。因为指数基金跟着市场波动，有波动就难免人心波动，这中间就会出现各种投资误区。

一 短线炒基金

有些基民是抱着一夜暴富的心态来投资的，总想着短期操作，大赚一笔。还有些基民想着通过低买高卖波段操作来获取收益。

理想很丰满，但是现实很骨感。A 股市场牛短熊长，有时候买入之后可能会经过很长时间的震荡波动才会达到赚钱的点。而很多基民有时候又没有这个耐心，就会造成频繁买进卖出，既然不赚钱就换一只基金，希望下一只能带来好的收益。但是指数基金高仓位跟随市场波动，更多时候还是震荡波动，出现所谓的惊喜只是少数时候。再说 A 股又没有什么规律，不跟随个人意志涨跌，底难找，顶也难寻，想要波段操作难上加难。所以这种抱着

“炒”的心态进来的基民，大多时候也会黯然离场。

二 一跌就卖，一涨就买

这个是很多基民都会犯的一种通病，投资指数基金的基民也不例外。

为什么人会追涨杀跌？主要是出于人性的弱点。很多时候，当基金涨起来的时候，普通基民是比较晚知道的群体，看到市场向好就想着分一杯羹，迫不及待买入。但是稍微一跌，就会觉得恐惧，看不见希望，看到账户里的亏损数字，就忍耐不了，担心市场持续下跌，资产持续缩水，就赶紧卖出基金。结果市场后市可能向好，自己看到又觉得可惜，想买回来，来来回回打脸。

其实市场是有周期的，涨涨跌跌，牛熊转换。牛市过程会有回撤，震荡市也会有小高潮。对于基民来说，要投资，就要能忍住这些小插曲、小波动。再说，指数基金本来就是高风险、高收益的品种，买之前肯定有一定的心理准备。

比如2018年底的市场，3000点以下的大盘，大多数人是没有勇气持续买入的。恰恰相反，这时候可能就是所谓的底部积攒筹码阶段，能耐得住冷清，也能等得来开花结果。

面对捉摸不定的市场，不要试图去猜测它的底和顶，我们唯一确定的就是底部买入，等到牛市卖出。只有这样，才能跳出“一涨就买、一跌就卖”的怪圈。

三 买雷同基金

有的基民在买基金的时候，会一次买 2 ~ 3 只跟踪同一指数的指数基金，这个其实完全没有必要。因为跟踪同一个指数的基金，成份股其实差不多。比如跟踪沪深 300 指数的基金很多，有华夏沪深 300、景顺长城沪深 300、富国沪深 300……没必要全部都买，可以从中挑选一只，进行定投。

四 做甩手掌柜

有的基民觉得设置好定投就可以了，就可以等着“摘果实”了。其实不然，定投虽然被称为“懒人投资神器”，但是也不是说设置好定投就可以不管不问了。定投过程中，也要关注季度报告，关注市场，根据市场情况增减投资金额。

第七节

指数恒久远，但是指数基金会吗

我们说，指数是永续性的，但是并不代表指数基金也是永续性的。指数基金有时候因为规模或者熊市原因，也会发生清盘现象。

指数基金清盘条件和其他基金一样，一是在存续期内，若连续 60 日基金资产净值低于 5000 万元；二是连续 60 日基金份额持有人数量达不到 200 人。只要指数基金达到其中一条，就会被清盘。

那么为什么会发生清盘现象？主要有以下三个原因。

一是市场原因。比如在持续下跌的市场环境中，很多本来规模就不是很大的指数基金就会遭遇赎回潮，造成资产净值大规模减少。当资产净值连续 60 日低于 5000 万元时，就会被清盘。

二是品种原因。有些基金公司会发行一些窄基指数基金，跟踪的指数比较小众，了解的基民也很少，规模一般都不会很大。这些基金一旦遇到异常异动或者基金运营异动，也是会被清盘的。

三是基金公司原因。大家都跟踪沪深 300 指数基金，如果有一家管理得不太好的话，就会造成资金向别的指数基金转移。而且，指数基金本来就是强者恒强，规模大的更受欢迎，一些运营不太理想的指数基金就会面临清盘风险。

第八节

从A股历史中，发现指数基金的投资规律

很多人说巴菲特的很多投资理念不适用于中国，因为中国股市和美国股市不一样。这个确实是，每个国家的发展有自己的特点，股市也有各自的特色。A股也不例外。大家定投可以多了解下A股的“脾气”，知道了A股的“脾气”，在定投的时候也会更有底气和信心。

A股从1991到2019年，已经有将近30年历史，也经历了几轮牛熊，基本上每一轮都会经历绝望－希望－乐观的过程。这里举几个比较明显的例子，见表5－4。

表5－4

日期	沪指波动区间
1990年12月19日～1992年5月26日	沪指波动幅度：95.79点～1429.01点，涨幅1391.8%
1992年5月26日～1992年11月17日	沪指波动区间：1429.01点～386.85点，跌幅73%
1992年11月17日～1993年2月16日	沪指波动区间：386.85点～1558.95点，涨幅301%

续表

日　期	沪指波动区间
1993 年 2 月 16 日 ~ 1994 年 7 月 29 日	沪指波动区间：1558.95 点 ~ 325.89 点，跌幅 79%
2005 年 6 月 6 日 ~ 2007 年 10 月 16 日	沪指波动区间：998.23 点 ~ 6124.04 点，涨幅 513%
2007 年 10 月 17 日 ~ 2008 年 10 月 28 日	沪指波动区间：6124.04 点 ~ 1664.93 点，跌幅 73%
2013 年 6 月 25 日 ~ 2015 年 6 月 12 日	沪指波动区间：1849.65 点 ~ 5178.19 点，涨幅 180%
2015 年 6 月 12 日 ~ 2016 年 1 月 27 日	沪指波动区间：5178.19 点 ~ 2638.30 点，跌幅 49%

从表中的数据可以看出，牛熊市之间的波动是非常大的，而且牛熊市转换就像一个轮回。每一轮都有绝望 - 希望 - 乐观这样一个过程。

一般而言，A 股的牛熊转换往往由杀估值杀盈利——继续杀、盈利回涨——估值持续上涨这几个部分组成。就像 2018 年，从年初高点到 10 月，市场普通回撤 20% 以上。市场持续杀估值，这时候对基民来说就是一个比较好的投入时点。或许这个时点不会那么快来，但是错过就等于错过了便宜的筹码。

A 股是牛短熊长的市场，往往潜伏很久，才可以迎来一轮牛市，而且这个阶段很短，可能只有 1 年左右，比如 2007 年大牛市，涨得最猛的时候就是 2006 年 10 月到 2007 年 10 月那一年。

这给我们的启示有以下两点：

一是定投要有耐心，比市场有耐心，比其他投资者有耐心，没耐心，上蹿下跳就不适合 A 股。这个过程可能会非常煎熬，但是机会恰恰是这段时间给予的。

二是牛市很短，这就要求我们关注市场，一旦市场情绪水涨船高，不要贪婪，记得落袋为安。

大致摸清楚了 A 股的“脾气”，再对照当下市场，你就知道我们正处于寒冬，春天也许不远了。